Walter Vietzen

Zwangsarbeitende in Kellinghusen

1939 - 1945

Editorial

Im Zeichen der Hochrüstung und infolge der Einberufung zur Wehrmacht wurde bereits vor Kriegsbeginn 1939 der Arbeitskräftemangel im Deutschen Reich immer drückender. Deshalb wurde der Einsatz von Ausländern in der deutschen Wirtschaft zwar von den Nationalsozialisten nicht gerade begrüßt – aber als Notlösung akzeptiert.

Nach Beginn des Krieges kamen billigste Arbeitskräfte für die Landwirtschaft und die Rüstungsindustrie aus allen Teilen Europas nach Deutschland, auch nach Schleswig-Holstein.

Mit der Ernennung Fritz Sauckels, des Gauleiters von Thüringen, zum „Generalbevollmächtigten für den Arbeitseinsatz" begannen umfassende systematische Verschleppungen von Arbeitskräften. Ende 1944 waren auf dem Gebiet des „Großdeutschen Reiches" knapp 8 Millionen ausländische Arbeiter und Kriegsgefangene im Arbeitseinsatz tätig.

Der von den Nazis niemals gebrauchte aber heute allgegenwärtige Begriff „Zwangsarbeiter" trifft nicht auf alle im Deutschen Reich arbeitenden ausländischen Arbeiter und Arbeiterinnen zu, sondern nur auf die zwangsweise aus dem Ausland nach Deutschland verschleppten Arbeiter und Arbeiterinnen, die Kriegsgefangenen und die männlichen und weiblichen Häftlinge der Konzentrationslager und der Arbeitserziehungslager. Diese waren der Gewalt der SS bzw. der Gestapo ausgeliefert.

Die Nationalsozialisten inhaftierten beginnend ab 1933 willkürlich politische Gegner – später auch sogenannte „Asoziale", Landfahrer, Homosexuelle und angeblich „rassisch minderwertige" Juden, Sinti und Roma (sogenannte Zigeuner) und Zeugen Jehovas (sogenannte Bibelforscher) in Arbeitslagern. Die Bezeichnungen der Lager waren euphemistisch. Die ersten größeren Konzentrationslager wie das KZ Dachau und das KZ Oranienburg wurden ursprünglich Schutzhaftlager" genannt.

In fast allen Konzentrationslagern, Arbeitslagern und Umerziehungslager waren harte Zwangsarbeit, willkürliche Misshandlungen und teilweise auch Vernichtung durch Arbeit an der Tagesordnung.

Zwangsarbeiter oder Fremdarbeiter wurden gemäß der Rassenlehre der Nationalsozialisten klassifiziert: Am unteren Ende der Zwangsarbeiterhierarchie standen die Ostarbeiter. Sie waren russische, weißrussische oder aus der Ukraine stammende Arbeiter, stigmatisiert durch das Abzeichen „Ost", dadurch auch äußerlich gekennzeichnet. Sie mussten in sehr primitiven Lagern leben, in Kellinghusen im ehemaligen Schweinestall des Bauern Gosau, das umgebende Gelände war mit Stacheldraht umzäunt. Allerdings waren auch für die Ostarbeiter die Lebensumstände von Ort zu Ort und von Lager zu Lager unterschiedlich.

Die sanitären und hygienischen Bedingungen in diesen Baracken waren äußerst schlecht, wie auch die Bekleidung. So lebten besonders die Ostarbeiter in notdürftig selbstgebauten Baracken und waren gezwungen, auch im Winter unbeschuht zur Arbeit zu gehen.

Außerdem wurden sie häufig von den Deutschen misshandelt: „Die Leute wälzten sich oft vor Schmerzen wegen des dauernden Schlagens mit Gummiknüppeln und Ochsenziemern". Für Zwangsarbeiter galt kein Arbeitsschutz, so dass sie am Arbeitsplatz allen gesundheitlichen Gefahren ausgesetzt waren. Sie durften bei Bombenalarm keine Schutzräume aufsuchen. Bei Verstößen gegen die Anordnungen und Befehle der Deutschen drohte ihnen eine Einweisung in ein „Arbeitserziehungslager", in denen KZ-ähnliche Zustände herrschten.

Es gab verschiedene Wege, Zwangsarbeiter oder Zwangsarbeiterin in Deutschland zu werden:

1. Kriegsgefangene wurden, entgegen der Bestimmungen der Genfer Konvention, zur Arbeit in der Rüstungsindustrie gezwungen.
2. Ehemalige Kriegsgefangene verpflichteten sich zum Arbeitseinsatz.

3. Zivilisten wurden gegen ihren Willen zur Zwangsarbeit nach Deutschland verschleppt.
4. Zivilisten wurden durch falsche Versprechungen zum Arbeitseinsatz nach Deutschland gelockt.
5. Zivilisten meldeten sich freiwillig zum Arbeitseinsatz nach Deutschland , durften aber nach Ablauf ihres Vertrages nicht in ihr Heimatland zurückkehren.

Nach dem Krieg wurden exemplarische Prozesse gegen das Wirtschafts- und Verwaltungshauptamt der SS (es hatte Zwangsarbeiter gegen Prämien an Firmen vermietet) und die Firmenverantwortlichen von Flick, I.G. – Farben und Krupp (sie hatten die Zwangsarbeiter zu tausenden von der SS gemietet) durchgeführt. Es kam in den Nürnberger Nachfolgeprozessen zu Verurteilungen wegen Versklavung, Misshandlung, Einschüchterung, Folterung und Ermordung der Zivilbevölkerung und dem planmäßigen Einsatz von Zwangsarbeitern. Im Verlauf der folgenden Jahrzehnte, die geprägt waren von der politisch-gesellschaftlichen Fehl-entwicklung des Vergessens- und Verdrängenwollens der national-sozialistischen Gräueltaten, ebbte das Interesse an einer koordinierten Strafverfolgung ab.

Für viele, insbesondere sowjetische Zwangsarbeiterinnen und Zwangsarbeiter, war der Leidensweg 1945 aber nicht zu Ende. Sie wurden in ihrer Heimat pauschal der Kollaboration mit den Deutschen verdächtigt; nicht wenige verschwanden in den stalinistischen Lagern. Die meisten litten, wenige leiden noch immer und besonders im Alter unter den psychischen und physischen Folgeschäden des „Totaleinsatzes"; in vielen osteuropäischen Ländern leben sie nach dem Zusammenbruch der sozialistischen Gesellschaften am Rand des Existenzminimums. Die deutschen Regierungen und die von dem Sklaveneinsatz profitierenden Betriebe lehnten lange Zeit - von wenigen Ausnahmen abgesehen - jegliche Übernahme von Verantwortung für diese Opfer ab.

Auf den folgenden Seiten soll an das Schicksal etlicher Zwangsarbeiter in Kellinghusen erstmalig erinnert werden. Es wird höchste Zeit sich der moralischen Verpflichtung ihnen gegenüber zu stellen.

An dieser Stelle sei Herrn Richard Kolang für seine Unterstützung gedankt.

Ich bedanke mich ausdrücklich bei der Familie Mohr für die langjährige Unterstützung und Hilfsbereitschaft.

Ein besonderer Dank gilt Dr. Reimer Möller für seine langjährige selbstlose Hilfe. Ohne ihn und seine Forschungsarbeiten wäre auch in Kellinghusen vieles unentdeckt geblieben.

Walter Vietzen

September 2017

Zwangsarbeiter

Nach dem deutschen Überfall auf Polen und dem Beginn des Zweiten Weltkriegs wurden in den besetzten Gebieten Arbeitskräfte für die deutsche Kriegswirtschaft im großen Ausmaß zwangsrekrutiert und zur Zwangsarbeit in Deutschland verpflichtet. Im Sommer 1940 waren über eine Million Polen in Deutschland beschäftigt. Spätestens nach dem Krieg gegen die Sowjetunion und der gescheiterten Offensive vor Moskau Ende 1941 war der Einsatz sogenannter Fremdarbeiter für die deutsche Kriegswirtschaft unerlässlich. Überhaupt war es Ziel der nationalsozialistischen Wirtschaftspolitik, aus allen Gebieten, die von der deutschen Wehrmacht erobert und besetzt worden waren, Wirtschaftsgüter , Kriegsgefangene und Zivilarbeiter ins Reich zu bringen. Ende 1944 arbeiteten mehr als 7,5 Millionen ausländische Arbeitskräfte in fast allen Bereichen der deutschen Wirtschaft. Ohne den Arbeitseinsatz von Millionen Zwangsarbeitern und Zwangsarbeiterinnen, Kriegsgefangenen und Häftlingen aus den Konzentrationslagern wäre die Weiterführung des Krieges für das Deutsche Reich spätestens ab 1942 nicht möglich gewesen.

Belgrad 1941: Zur Zwangsarbeit verhaftete Juden

(Aus dem Privatbesitz Walter Vietzen)

Belgrad 1941: Juden werden zur Zwangsarbeit registriert

(Aus dem Privatbesitz Walter Vietzen)

Zwangsarbeiter – Versuch einer Definition

An dieser Stelle bedarf der benutzte Begriff „ Zwangsarbeiter " der Definition, zumal die Nationalsozialisten ihn selber nie verwendeten.

Eine allgemeine, aber sehr treffende Definition, wie ich finde, gibt Rolf Schwarz:

„Diese als Zivilarbeiter, Zivilpolen und Ostarbeiter bezeichneten Kräfte wurden nach Plänen des Generalbevollmächtigten für den Arbeitseinsatz, Sauckel, zu Millionen in den besetzten Gebieten ausgehoben und ins Deutsche Reich verfrachtet. Ihre offiziellen Bezeichnungen täuschten über den Charakter ihres Einsatzes, der durch Zwang gekennzeichnet war, hinweg. Diesen Zwangsarbeitern war jede freie Entscheidung genommen, und sie hatten lediglich das Recht zu leben, um zu arbeiten." [1]

Es geht bei diesem Begriff zuerst einmal um die zwangsweise ins deutsche Reich verschleppten Menschen, also Zivilisten, die gegen ihren Willen mit Gewalt oder Androhung von Gewalt zum Arbeitseinsatz nach Deutschland gebracht wurden. Nach Einschätzung des polnischen Historikers Czeslaw Luczak waren von den Zivilisten etwa 95% zwangsverpflichtet.[2]

Es geht aber zweitens auch um die Zivilisten, die sich freiwillig zum Arbeitseinsatz in Deutschland gemeldet hatten, die sich aber in den Versprechungen der Werber getäuscht[2]

Es geht drittens um Kriegsgefangene, die entgegen den Bestimmungen der Genfer Konvention zur Arbeit in den Rüstungsindustrien gezwungen wurden.

Zwangsarbeit mussten aber auch alle deutschen und nichtdeutschen Häftlinge der Konzentrationslager und der Arbeitserziehungslager leisten. Allerdings unter dem Kommando der SS.

Zur Situation der Zwangsarbeiter

Bei Kriegsende 1945 befanden sich noch ca. sechs Millionen ausländische, zivile Zwangsarbeiter, zwei Millionen ausländische Kriegsgefangene und 750000 KZ-Häftlinge in den deutschen Lagern. Auch in Schleswig-Holstein gibt es kaum eine Stelle, wo keine Lager vorhanden waren. Ein Konzentrationslager gab es in Schleswig-Holstein zwar nicht, dafür aber einige Außenkommandos des KZ-Neuengamme bei Hamburg, nämlich in Ladelund, Husum-Schwesing, Kaltenkirchen, Hohwacht und Mölln. Ein Arbeitserziehungslager gab es in Kiel-Russee. Kriegsgefangene mussten die gleichen Arbeiten verrichten wie die Zwangsarbeiter, wurden aber in Lagern interniert und bewacht.

Zwangsarbeiter wurden häufig demütigend behandelt, schlecht ernährt und erhielten oft keinen Lohn. Sie mussten schwerste Arbeit verrichten. Die Unterbringung erfolgte in Zwangsarbeiterlagern, den Stammlagern (im nationalsozialistischen Sprachgebrauch als Stalag bezeichnet), häufig Barackenlager, mit Stacheldraht eingezäunt. Die sanitären und hygienischen Bedingungen in diesen Baracken waren äußerst schlecht, wie auch die Bekleidung. So lebten besonders die Ostarbeiter in notdürftig selbstgebauten Baracken, oft ohne Ofen, und waren gezwungen, „auch im Winter unbeschuht zur Arbeit zu gehen". Außerdem wurden sie häufig von den Deutschen misshandelt. Für Zwangsarbeiter galt kein Arbeitsschutz, so dass sie am Arbeitsplatz allen möglichen gesundheitlichen Gefahren ausgesetzt waren. Sie durften bei Bombenalarm keine Schutzräume aufsuchen. Bei Verstößen gegen die Anordnungen und Befehle der Deutschen drohte ihnen eine Einweisung in ein „Arbeitserziehungslager", in denen KZ-ähnliche Zustände herrschten.

Ostarbeiter wurden schlechter behandelt als die italienischen und französischen Zwangsarbeiter, da sie in der NS-Rassenideologie als Untermenschen galten. Für sie galt der Ostarbeitererlass, durch den sie weitestgehend entrechtet wurden. So war zum Beispiel der Besitz von Geld, Wertsachen, Fahrrädern und Feuerzeugen und der Erwerb von Fahrkarten verboten. Verkehr mit Deutschen wurde streng bestraft, teilweise sogar mit dem Tode.

Die aus Polen nach Deutschland gebrachten Polen waren entweder Kriegsgefangene, Zwangsrekrutierte oder „Freiwillige". Mit den so genannten Polen-Erlassen, schuf die nationalsozialistische Reichsregierung am 8. März 1940 per Polizeiverordnung ein Sonderrecht. Darin wurden polnische Zwangsarbeiter während des Zweiten Weltkriegs diskriminierenden Vorschriften unterworfen. Die rassistisch begründete Vorstellung von einer Minderwertigkeit der

---

1 Schwarz, Rolf: Verschleppt nach Büdelsdorf; in: Hamer, Kurt, Karl-Werner Schunck und Rolf Schwarz(Hrsg): Vergessen und verdrängt, Arbeiterbewegung und Nationalsozialismus in den Kreisen Rendsburg und Eckernförde, Eckernförde 1984, S. 227

2 Czeslaw Luczak, Polnische Arbeiter im nationalsozialistischen Deutschland während des Zweiten Weltkriegs. Entwicklung und Aufgaben der polnischen Forschung, in: Herbert, Reichseinsatz

„Zivilarbeiter" genannten Zwangsarbeiter und Kriegsgefangenen aus Polen war ein herausstechendes Merkmal dieser Anordnungen.

Sie wurden herausgegeben vom „ Reichsführer SS und Chef der Deutschen Polizei im Reichsministerium des Innern " Heinrich Himmler.

Die Anordnungen umfassten z. B. folgende Vorschriften:

1. Polnische Zwangsarbeiter mussten sich der Kennzeichnungspflicht unterwerfen: Ein „P" musste deutlich sichtbar an jedem Kleidungsstück befestigt werden.

2. Polnische Zwangsarbeiter bekamen geringere Löhne als deutsche Arbeiter.

3. Die Verpflegung war in Menge und Qualität schlechter als die Verpflegung für Deutsche.

4. Das Verlassen des Aufenthaltsortes war verboten.

5. Ab der Dämmerung galt eine allgemeine Ausgangssperre.

6. Der Besitz von Geld oder Wertgegenständen, Fahrrädern, Fotoapparaten oder Feuerzeugen war verboten.

7. Der Besuch von Gaststätten oder Tanzveranstaltungen war verboten.

8. Die Benutzung von öffentlichen Verkehrsmitteln war verboten

Der Kontakt von Polen mit Deutschen war strengstens verboten, selbst der gemeinsame Kirchenbesuch. Zuwiderhandlungen wurden mit einer Einweisung in ein Arbeitserziehungslager oder ohne weitere Gerichtsverhandlung mit dem Tode bestraft.

Die Geheime Staatspolizei war für die Verfolgung und Bestrafung von Verstößen zuständig. Dabei wurden Kriegsgefangene entgegen der zweiten Genfer Konvention von 1929 verfolgt, in Arbeitserziehungslager eingewiesen oder sogar öffentlich von Mitarbeitern der Geheimen Staatspolizei gehängt.

Am 25. April 1940 gibt der beigeordnete Kellinghusener Bürgermeister Wilken eine entsprechend formulierte Anweisung an alle Gast- und Schankwirte der Stadt Kellinghusen und an den Kinobesitzer Johann Lützen heraus:

Der §4 der vom Herrn Regierungspräsidenten in Schleswig am 27. März 1940 erlassenen Polizeiverordnung sagt folgendes:

Der Besuch deutscher Veranstaltungen kultureller, kirchlicher und geselliger Art sowie der Besuch von Gaststätten ist den Zivilarbeitern und – arbeiterinnen polnischen Volkstums untersagt. Ich weise Sie hiermit auf diese Bestimmung hin und fordere Sie auf, polnischen Zivilarbeitern und Zivilarbeiterinnen das Betreten Ihres Lokals zu untersagen und hierher sofort Mitteilung zu machen, damit gegen dieselben vorgegangen werden kann.

Den Herren Polizeibeamten zur Kenntnis und Beachtung.

gez.

Der Bürgermeister als Ortspolizeibehörde

Wilken [3]

---

3 Stadtarchiv Kellinghusen, Schreiben des Bürgermeisters der Stadt Kellinghusen als Ordnungsbehörde vom 25. April 1940

Nach dem Angriff auf die Sowjetunion kamen im „Ostarbeiter-Erlass"
vom 20. Februar 1942 nach dem Vorbild der Polen-Erlasse noch
schärfer gefasste Bestimmungen für sowjetische Kriegsgefangene
und Zivilarbeiter (sogenannte Ostarbeiter) und Deportierte hinzu. Zu
den Erlassen wurden schriftliche Anordnungen an die lokalen
Verwaltungs- und Polizeistellen sowie die Betriebsführer
herausgegeben.

Polnische Zwangsarbeiterinnen

(Aus dem Privatbesitz Walter Vietzen)

**Die „Ostarbeiter-Erlasse" enthielten z. B. folgende
Bestimmungen:**

1. Es ist verboten, den Arbeitsplatz zu verlassen.

2. Es ist verboten, Geld und Wertgegenstände zu besitzen.

3. Es ist verboten, Fahrräder zu besitzen.

4. Es ist verboten, Fahrkarten zu erwerben.

5. Es ist verboten, Feuerzeuge zu besitzen.

6. Ostarbeiter müssen sich der Kennzeichnungspflicht unterziehen: Ein Stoffstreifen mit der Aufschrift „Ost" musste gut sichtbar auf jedem Kleidungsstück befestigt werden.

7. Die Betriebsführer und Vorarbeiter besaßen ein Züchtigungsrecht.

8. Ostarbeiter bekamen in Menge und Qualität schlechtere Verpflegung als Deutsche.

9. Sie bekamen weniger Lohn als Deutsche.

10. Es ist den Ostarbeitern jeglicher Kontakt mit Deutschen verboten, selbst der gemeinsame Kirchenbesuch ist verboten.

11. Ostarbeiter wurden gesondert untergebracht, und zwar nach Geschlechtern getrennt.

Bei Nichtbefolgen von Arbeitsanweisungen bzw. Widersetzlichkeiten drohte die Einweisung in ein Arbeitserziehungslager, die Bedingungen in diesen Lagern ähnelten denjenigen eines Konzentrationslagers. Geschlechtsverkehr mit Deutschen war strengstens untersagt - darauf stand zwingend die Todesstrafe.

Damit können die „Ostarbeitererlasse" als konsequente Umsetzung der rassistischen und antisemitischen Ideologie des Nationalsozialismus auf die Zwangsarbeiter angesehen werden. Die rassistische Hierarchie zwischen (absteigend) Deutschen, Skandinaviern, Engländern und Franzosen, Italienern, Polen, Russen und Juden wurde bis zum Kriegsende aufrechterhalten.

Transport und Ankunft der Zwangsarbeiter

Die Art der Durchführung der Transporte von Arbeitern und Arbeiterinnen in das deutsche Reich regelte die Anordnung Nr. 4 des Generalbevollmächtigten für den Arbeitseinsatz über die Anwerbung, Betreuung, Unterbringung, Ernährung und Behandlung ausländischer Arbeiter und Arbeiterinnen vom 7. Mai 1942:

a) Grundsätzliches.
Nach der Anwerbung und auf dem Transport in das Reich ist für eine korrekte, einwandfreie Behandlung der Arbeiter und Arbeiterinnen zu sorgen, damit nicht etwa schon während des Transports die Arbeitslust und das Vertrauen der Angeworbenen zerstört werden.
Die angeworbenen Arbeiter sind in der Regel in Sammeltransporten mit Sonderzügen, erforderlichenfalls in Gruppentransporten mit Regelzügen, zu führen.

b) Die Zusammenstellung und Führung der Transporte.
(…) Der Transportführer hat dafür zu sorgen, dass während des Transports
1. unbedingt Ordnung und Sauberkeit herrschen. Die notwendigen hygienischen Vorkehrungen sind bei jedem Transport und, wenn eine vorläufige Unterbringung in einem Sammellager erfolgt, in jedem Sammellager unter allen Umständen zu gewährleisten;
2. eine Überbelegung der Wagen unterbleibt;
3. eine ausreichende Zahl von Aborten – auch an den Haltestellen und in den Sammellagern (gegebenenfalls Latrinen) – zur Verfügung steht;
4. männliche und weibliche Transportteilnehmer voneinander getrennt sind;
5. Volksdeutsche, soweit möglich, von fremdvölkischen Transportteilnehmern abgesondert werden;
6. durch geeignete Unterbringung Reibungen zwischen fremdvölkischen Transportteilnehmern verschiedener Volkszugehörigkeit vermieden werden.
(…)

15

Die Realität dieser Transporte aber sah ganz anders aus. Männliche und weibliche Ostarbeiter wurden getrennt voneinander in Güterwagons in das Reich gebracht. Häufig dauerten diese Transporte über eine Woche und für die Versorgung mit Lebensmitteln hatten die Insassen selber zu sorgen. Für die Notdurft konnten Eimer benutzt werden. Im Winter war es in den Waggons lausig kalt und im Sommer stickig und heiß. Auch an den Haltebahnhöfen gab es nur selten Verpflegung.

Der Zielbahnhof der für Schleswig-Holstein bestimmten Arbeiter und Arbeiterinnen war der Güterbahnhof in Neumünster-Witborg. Von dort ging der Weg in das dortige Durchgangslager des Landesarbeitsamtes. Hier wurden ärztliche Untersuchungen vorgenommen, die Zwangsarbeiter mussten sich einer chemischen Entlausung unterziehen, einige blieben im Durchgangslager in Quarantäne. Die meisten Zwangsarbeiter und -arbeiterinnen wurden schon nach wenigen Stunden bzw. Tagen zu den Zügen geleitet, die sie in die einzelnen Kreise bringen sollten. In der Kreisstadt wurden die Arbeiter von den Ordnungsbehörden registriert. Die Frauen und Männer wurden in Listen erfasst, Fingerabdrücke genommen und Fotos erstellt. Während der Registrierung standen häufig schon die Arbeitgeber bereit, um die neuen Arbeitskräfte so schnell wie möglich zu ihren Arbeitsstellen zu bringen. Wie auf einem neuzeitlichen Sklavenmarkt suchten sich die Arbeitgeber dann die Arbeiter aus, die ihnen am brauchbarsten erschienen. Dabei wurden keine Rücksichten auf Verwandtschaften oder Freundschaften der Zwangsarbeiter genommen. Von dort ging es dann häufig entweder zu Fuß, mit dem Pferdefuhrwerk oder bei größeren Transporten mit dem Lkw auf die Bauernhöfe oder zu den Lagern. Zuallererst wurden die dort Angekommenen über die Lagerordnung informiert. Danach begann die Arbeit.

Bei ihrer Ankunft in Deutschland wurden den Zwangsarbeitern und –arbeiterinnen aus Polen folgende allgemeine Verpflichtungen mündlich eröffnet (auf deutsch und polnisch):

Dem Arbeiter polnischen Volkstums gibt das Großdeutsche Reich Arbeit, Brot und Lohn. Es verlangt dafür, dass jeder die ihm zugewiesene Arbeit gewissenhaft ausführt und die bestehenden Gesetze und Anordnungen sorgfältig beachtet.

Für alle Arbeiter und Arbeiterinnen polnischen Volkstums im Großdeutschen Reich gelten folgende besondere Bestimmungen:

1.	Das Verlassen des Aufenthaltsortes ist streng verboten.

2.	Während des von der Poizeibehörde angeordneten Ausgehverbotes darf auch die Unterkunft nicht verlassen werden.

3.	Die Benutzung der öffentlichen Verkehrsmittel, z. B. Eisenbahn, ist nur mit besonderer Erlaubnis der Ortspolizeibehörde gestattet.

4.	Alle Arbeiter und Arbeiterinnen polnischen Volkstums haben die ihnen übergebenen Abzeichen stets sichtbar auf der rechten Brustseite eines jeden Kleidungsstücks zu tragen. Das Abzeichen ist auf dem Kleidungsstück fest anzunähen.

5.	Wer lässig arbeitet, die Arbeit niederlegt, andere Arbeiter aufhetzt, die Arbeitsstätte eigenmächtig verlässt usw. erhält Zwangsarbeit im Arbeitserziehungslager. Bei Sabotagehandlungen und anderen schweren Verstößen gegen die Arbeitsdisziplin erfolgt schwerste Bestrafung, mindestens eine mehrjährige Unterbringung in einem Arbeitserziehungslager. [4]

Zusätzlich war in den Unterkünften der Ostarbeiter die Lagerordnung in deutscher, russischer und ukrainischer Sprache ausgehängt. Sie umfasste 21 Ordnungspunkte.

---

4 Merkblatt Nr.1 für Betriebsführer über den Einsatz von Ostarbeitern, Privatbesitz Mohr

Zwangsarbeiterinnen nach ihrer Ankunft

(http://kulturvereinigung.de/images/stories/geschichte/nazi-herrschaft/zwangsarbeiter/ostarbeiterinnen_zwangsarbeit-archiv_1.jpg)

Die Nazi-Prominenz betritt das Kellinghusener Rathaus

(Fotos aus dem Privatbesitz Walter Vietzen)

Die Kellinghusener Hauptstraße gibt sich nationalsozialistisch

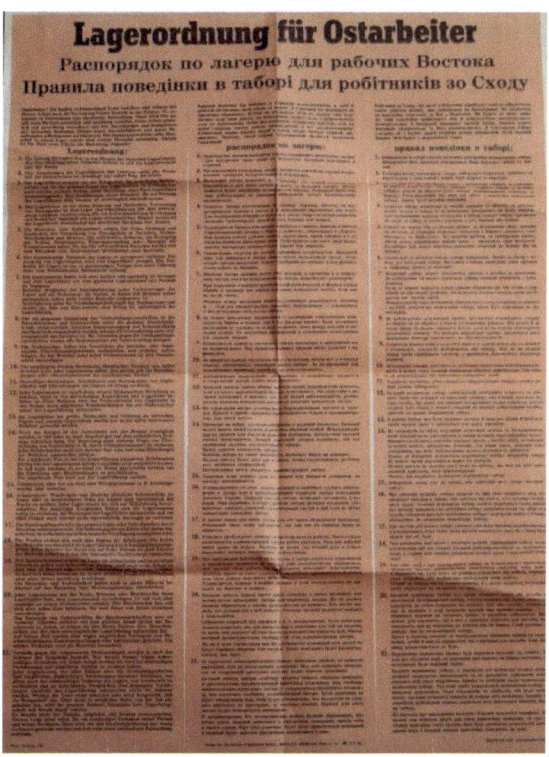

Lagerordnung für Ostarbeiter – Aushang: Kellinghusen/Russenlager [5]

---

[5] Plakat im Privatbesitz Mohr / Foto aus dem Privatbesitz von Walter Vietzen

Deutsches Reich – Das Arbeitsbuch für Ausländer

„Wie der deutsche, so dient auch der ausländische Arbeiter der Stirn und der Faust durch seinen Arbeitseinsatz im Großdeutschen Reich dem Neuaufbau Europas und dem Kampf um die lebenswichtigen Voraussetzungen für eine glückliche Zukunft und Wohlfahrt der Völker im europäischen Raum. Der ausländische Arbeiter muss sich dieser Aufgabe und Auszeichnung stets bewusst sein. Auf diesem Gedanken beruht sein Einsatz, seine Arbeitsleistung und seine persönliche Haltung.
Der Generalbevollmächtigte für den Arbeitseinsatz"

Diese Sätze Sauckels befinden sich wie bei vielen anderen Zwangsarbeitern als Vorwort im Arbeitsbuch des Peter Gulko aus der Sowjetunion. Sein Arbeitsbuch hatte die Nummer A78/606.
Peter Gulko wurde am 13. August 1897 geboren und stammte aus dem Ort Kien.

Am 26. Februar 1935 erließ die nationalsozialistische Regierung ein Gesetz über die Einführung eines Arbeitsbuches. Arbeitsbücher sollten die zweckentsprechende Verteilung der Arbeitskräfte in der deutschen Wirtschaft gewährleisten. Deutsche Arbeiter und Angestellte durften nur noch beschäftigt werden, wenn sie im Besitz eines von den Arbeitsämtern ausgestellten Arbeitsbuches waren. Wer gegen dieses Gesetz verstieß, dem drohten Geldstrafen bis zu 150 Reichsmark oder Haft. Das Gesetz galt ab 1. April 1935.
Im Herbst 1935 wurde angeordnet, dass jeder Deutsche arbeiten musste, Arbeit sollte als Ehrendienst am deutschen Volk gelten, ab 1939 auch für die fremdvölkischen Zwangsarbeiter. Kündigungen seitens der Arbeiter waren ab 1938 nur noch möglich, wenn sich das Arbeitsamt einverstanden erklärte. Die Verwaltung und Verteilung der Arbeitskräfte war damit strikt in die Hände der Landesarbeitsämter gelegt worden. Zunächst wollte der NS-Staat mit dem Arbeitsbuch nur solche Berufsgruppen erfassen, bei denen es zu wenige Fachkräfte gab, Bergarbeiter oder Metallfacharbeiter zum Beispiel. Bald wurde das auf viele andere Berufsgruppen ausgedehnt, denn der geplante Krieg würde durch die Mobilmachung von Millionen männlicher Fachkräfte die Arbeitskräftesituation im Reich dramatisch verschärfen. Der Staat wollte die Lenkung der Arbeitskräfte nicht dem Arbeitsmarkt überlassen.
Mit der Einführung des Arbeitsbuches für Ausländer begannen 1943 die Arbeitsämter auch auf die veränderte Arbeitskräftesituation zu reagieren. Inzwischen war fast jeder fünfte Arbeiter in der deutschen

Kriegswirtschaft ein Ausländer: insgesamt gab es mehr als 6,4 Millionen Zwangsarbeiter. Ein Jahr später, im August 1944, waren es bereits 7,6 Millionen. Jeder vierte Arbeiter in Deutschland stammte damit aus dem Ausland. In der Landwirtschaft war der Anteil mit 46,4 Prozent Ausländern am größten. Die meisten von ihnen kamen aus der Sowjetunion.

Mit der Verordnung vom 1. Mai 1943 führte die deutsche Regierung ein Arbeitsbuch für Ausländer ein. Dieses Arbeitsbuch wurde durch die lokalen Arbeitsämter ausschließlich für Zwangsarbeiter im Deutschen Reich und in den besetzten Gebieten ausgestellt. In den Jahren zuvor hatten ausländische Zwangsarbeiter die gleichen Ausweise erhalten wie deutsche Bürger.

Mit dem Zusatz - für Ausländer - war eine zusätzliche Diskriminierung der Zwangsarbeiter verbunden.

Neben Lebensdaten zur Person erfassten Arbeitsbücher auch Angaben über Berufsausbildung, Arbeitgeber und Beschäftigungszeiten. Arbeitsbücher sind als historische Quelle wertvoll, denn mit ihrer Hilfe lässt sich rekonstruieren, an welchen Orten und bei welchen Firmen oder Landwirten Zwangsarbeiter beschäftigt waren. Diese Angaben sind in der Regel durch die Arbeitsämter und Arbeitgeber eingetragen worden.

Das Arbeitsbuch für Ausländer: Es war von dem ausländischen Arbeiter auf Seite 1 zu unterschreiben. Wenn der Arbeitsbuchinhaber das Reichsgebiet verließ oder die Beschäftigung aufgab, war das Arbeitsbuch und die Arbeitskarte durch den Betriebführer sofort an das zuständige Arbeitsamt zurückzugeben.

Soweit das Beschäftigungsverhältnis ordnungsgemäß gelöst war, hatte die Austragung auf Seite 11, Ziffer 5 zu erfolgen. In allen anderen Fällen hatte die Eintragung zu unterbleiben.

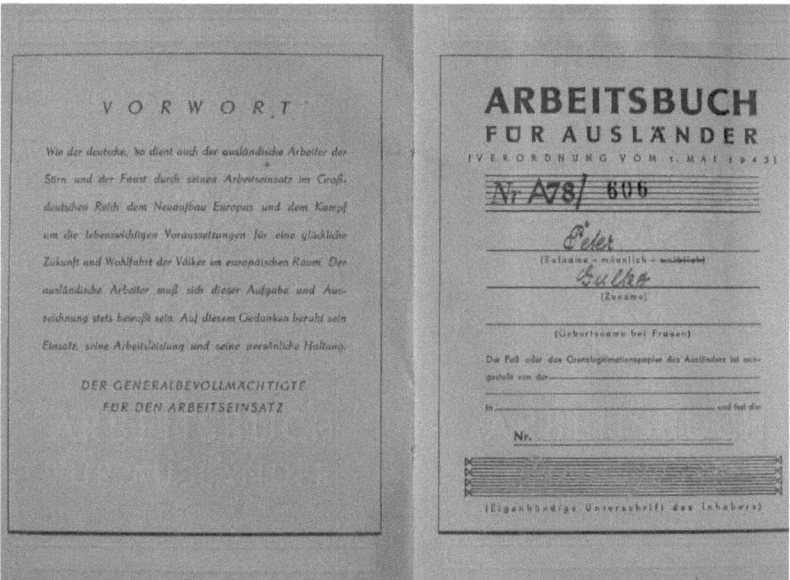

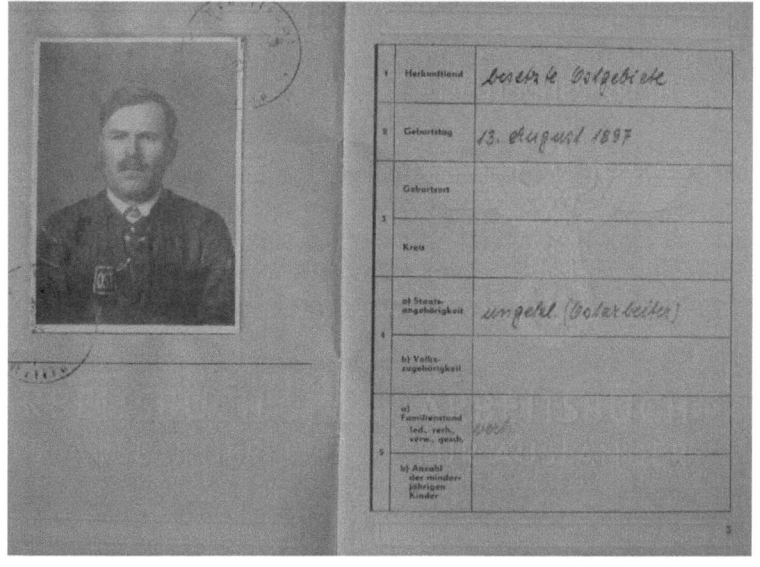

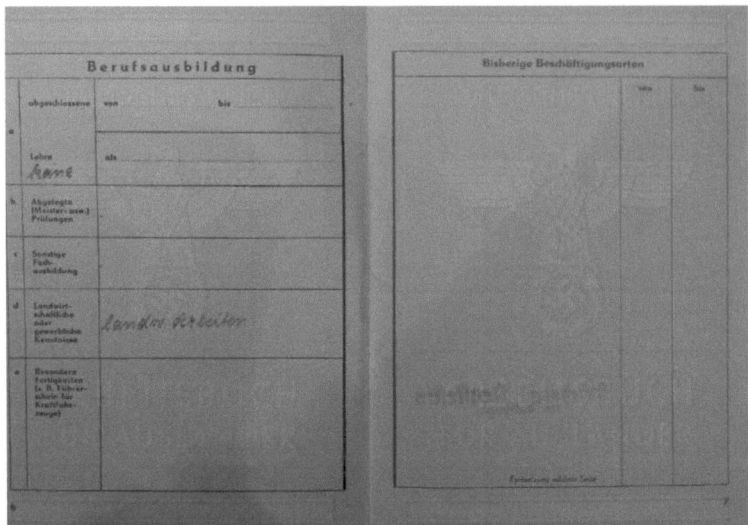

Das Arbeitsbuch für Ausländer

(Privatbesitz Walter Vietzen)

Die Spalte 4 - **Staatsangehörigkeit** - wurde von den deutschen Arbeitsämtern bei Zwangsarbeitern aus der besetzten Sowjetunion sehr oft mit - ungeklärt – Ostarbeiter - ausgefüllt. Ähnliche Routinen gab es für die Spalte – **Herkunftsland** - mit dem Eintrag besetzte Ostgebiete oder auch altsowjetisches Gebiet.

Für die Arbeitsämter gehörten Menschen aus den besetzten Ostgebieten der Sowjetunion nicht mehr zum Staat Sowjetunion bzw. UdSSR. Eine denkbare Unterscheidung in Russen, Ukrainer, Weißrussen oder die verschiedenen baltischen Gebiete erschien für die Perspektive Ausländereinsatz im Reich nicht zweckmäßig. Für die nationalsozialistischen Verwaltungen galten diese Menschen gemäß den Ostarbeiter-Erlassen als Ostarbeiter. Darum war auch die Volkszugehörigkeit für die Erfassung zum Arbeitseinsatz bei

Ostarbeitern meist irrelevant und blieb ohne Eintrag. Aber es gibt auch hier Ausnahmen.

Zwangsarbeiter versuchten mit teilweise falschen Aussagen über ihre Herkunft Vorteile zu erlangen. Zum Beispiel behaupteten Polen, die aus dem Distrikt Galizien zur Zwangsarbeit deportiert wurden, Ukrainer zu sein. Denn es kursierten Gerüchte, dass ukrainische Arbeiter in Deutschland besser behandelt würden als Polen.

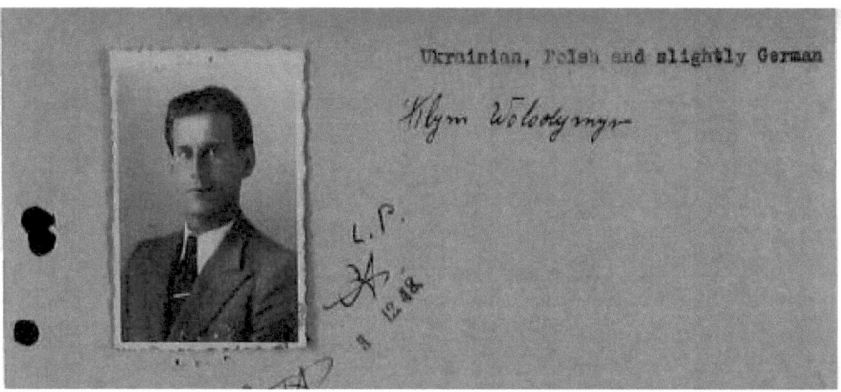

Der Kellinghusener Zwangsarbeiter Wolodymyr Klym wurde am 17. 3. 1913 in dem galizischen Ort Kopytschynci / Polen geboren.

Vom 28. 8. 1939 bis zum 28. 9. 1939 war Wolodymyr Klym Soldat in der polnischen Armee. Am 28. 9. 1939 wurde er von deutschen Soldaten festgenommen und nach Deutschland deportiert. Er war bis zum 29. 7. 1941 Kriegsgefangener im Stalag XA. Vom 29. 7. 1941 bis zum Mai 1945 arbeitete er als Tischler in Kellinghusen.

In Kellinghusen wohnte er in der Friedrichstraße 17. [6]

---

6 Copy of 3.2.1.1. / 79297066 in conformity with the Archives, Bad Arolsen, Archivnummer: 1221

Polen, die aus Litauen zur Zwangsarbeit deportiert wurden, erklärten sich gegenüber den deutschen Behörden als Litauer. Wenn das geglaubt wurde, wurden sie ähnlich zurückhaltend behandelt wie jene Arbeiter, die aus Ländern kamen, mit denen das Dritte Reich keinen Krieg führte.

Natürlich gaben Zwangsarbeiter auch andere als ihre tatsächlichen Berufe und Qualifikationen an. Jede Information, die man Deutschen gab, konnte Vor- oder Nachteile bedeuten. Am Ende waren die Zwangsarbeiter doch von der Willkür der Arbeitsämter und Arbeitsherren abhängig.

Zwangsarbeiter bekamen normalerweise ihre Arbeitsbücher nicht in die Hände. Sie erhielten meist nur provisorische Arbeitskarten. Arbeitsbücher sollten beim Betriebsleiter oder Gutsherren hinterlegt werden. Jede Änderung der Arbeitsstelle war dem Arbeitsamt zu melden. Zwangsarbeiter gelangten meist erst am Ende des Krieges in den Besitz ihres Arbeitsbuches. Diese Ausweise waren für die Entschädigung der Zwangsarbeiter besonders aussagekräftige Dokumente.

Bestrafung von ZwangsarbeiterInnen

In sehr detaillierter Form äußerte sich der Landrat des Kreises Steinburg in seinem Rundschreiben Nr. 36 vom 16. Februar 1943 an die Ortspolizeibehörden und Herren Gendarmeriebeamten zur Bestrafung der Zwangsarbeiter:

Abschrift.

Geheime Staatspolizei   Kiel, den 9. Dezember 1942

Staatspolizeistelle Kiel

II B 3

Rundschreiben Nr. 36

Betrifft: Bestrafung von flüchtigen und freiwillig an den Arbeitsplatz zurückgekehrten ausländischen Arbeitskräften.

In der letzten Zeit häufen sich die Fälle, dass ausländische Arbeiter, die unerlaubt ihren Arbeitsplatz verlassen haben und nach einigen Tagen oder Wochen freiwillig an ihren Arbeitsplatz zurückkehren, nicht bestraft wurden. Ich weise nochmals darauf hin, dass diese Fälle unnachsichtlich zu bestrafen sind; entweder in eigener Zuständigkeit oder in Zusammenarbeit mit dem Reichstreuhändler der Arbeit.

Durch folgende Maßnahmen wurden bisher gute Erfolge erzielt:

1. Geldstrafen

2. Anrechnung der schuldhaft versäumten Arbeitszeit auf den Jahresurlaub

3. Wochenendhaft (Ausführung: 3 bis 5malige Inhaftierung vom Sonnabend bis zum Montagmorgen)

4. 10 Tage verschärfte Haft (Ausführung: Neben der Brotration jeden dritten Tag ein warmes Essen)

5. 21 Tage Haft

Zu 4. und 5. ist die Zustimmung der geheimen Staatspolizei erforderlich. Ich bitte, die Strafen einzutragen und nach der Haftentlassung eine unterzeichnete Verpflichtungserklärung nach beiliegenden Muster herzureichen.

Abschrift übersende ich zur geflissentlichen Kenntnis und Beachtung. Insbesondere wird noch darauf hingewiesen, dass diese Maßnahmen nicht nur für Ostarbeiter und Polen gedacht sind, sondern nach einem nachträglichen Bescheid der Geheimen Staatspolizei auf alle ausländischen Arbeiter anzuwenden sind.

gez. Barnekow

Ernährung der Zwangsarbeiter

Im Merkblatt Nr. 1 für Betriebsführer über den Einsatz von Ostarbeitern geben der Beauftragte für den Vierjahresplan und der Generalbevollmächtigte für den Arbeitseinsatz die Verpflegungssätze an, die Arbeiterinnen und Arbeitern in der Rüstungsindustrie und in der gewerblichen Wirtschaft zustehen. Es erhalten:

a) **Normalarbeiter**

Brot .... 2600g die Woche

Fleisch .... 250g die Woche

Fett .... 130g die Woche

Kartoffeln ....5250g die Woche

Nährmittel .... 150g die Woche

Zucker .... 110g die Woche

Tee-Ersatz .... 14g die Woche

Gemüse .... nach Aufkommen (Kohlrüben)

b) **Schwerarbeiter**

Brot .... 3400g die Woche

Fleisch... 400g die Woche

Fett .... 200g die Woche

Die übrigen Lebensmittel wie zu a)

c) **Schwerstarbeiter**

Brot .... 4200g die Woche

Fleisch .... 500g die Woche

Fett .... 260g die Woche

Die übrigen Lebensmittel wie zu a)

d) Bergarbeiter unter Tage

Brot .... 4400g die Woche

Fleisch .... 600g die Woche

Fett .... 300g die Woche

Die übrigen Lebensmittel wie zu a)

e) Lang- und Nachtarbeiterzulagen werden nicht gewährt.

f) Die vorstehenden Verpflegungssätze gelten auch für weibliche Arbeitskräfte.

Die Lieferung von Magermilch kommt in Fortfall.

Die Fleischportion ist möglichst in Pferde- und Freibankfleisch zum vollen Anrechnungssatz zu verabreichen.

Die Fettportion soll nach Möglichkeit aus Margarine bestehen.

Brot soll grundsätzlich in der Zusammensetzung von 72% Roggenschrot und 28% vollwertigen Zuckerschnitzeln hergestellt werden. Solange Brot mit Zuckerschnitzeln nicht geliefert wird, kann normales Brot gewährt werden. Auf die Herstellung sättigender Suppen, wie sie der Ernährungsgewohnheit der Russen entsprechen, wird besonderer Wert gelegt. An Stelle von 500g Brot kann daher 350g Roggenmehl oder 380g Roggenschrot oder 360g Roggengrütze gewährt werden.

B. Verpflegungssätze der in der Landwirtschaft einschließlich Garten- und Weinbau beschäftigten Arbeiter und Arbeiterinnen.

Brot .... 2375g die Woche
Fleisch und Schlachtfett .... 500g die Woche

Alle anderen Lebensmittel in Höhe der Normalverbrauchersätze der Zivilbevölkerung.

Es ist nichts dagegen einzuwenden, dass im Einzelfall volle Brotration (Selbstversorgerration) gewährt wird, falls der Ortsbauernführer unter Anlegung eines besonders strengen Maßstabs bestätigt, dass der (die) sowjetische Zivilarbeiter (Zivilarbeiterin) die volle Arbeitsleistung eines deutschen Arbeiters erfüllt oder dass sich bei Gewährung der vollen Brotration die Arbeitsleistung entsprechend erhöhen wird. Andere hochwertige Lebensmittel, wie z. B. Vollmilch, Eier usw. dürfen an sowjetische Zivilarbeiter (Zivilarbeiterinnen) nicht abgegeben werden. Die Ausgabe bzw. die Verwendung von Butter darf nur erfolgen, wenn die Beschaffung von Margarine mit besonderen Schwierigkeiten verbunden wäre (z. B. keine bisherigen

Lieferungsbeziehungen zum Verbrauchsort, Abseitslage u. dgl.). Sonderzuteilungen an Lebensmitteln, wie Geflügel, Wild oder Bohnenkaffee, Tee, Pralinen usw. stehen den Kriegsgefangenen und sowjetischen Zivilarbeitern (Zivilarbeiterinnen) nicht zu.

In bäuerlichen Klein- und Mittelbetrieben, in denen für sowjetische Zivilarbeiter (Zivilarbeiterinnen) wegen der geringen Anzahl oder wegen der örtlichen Verhältnisse nicht getrennt gekocht wird und infolgedessen keine unterschiedliche Zubereitung der Mahlzeiten erfolgen kann, darf die gleiche Verpflegung verabreicht werden, wie den anderen im Betrieb beschäftigten und beköstigten landwirtschaftlichen Arbeitern.

Die den Kriegsgefangenen und sowjetischen Zivilarbeitern (Zivilarbeiterinnen) zugestandenen Lebensmittelmengen sind den Betriebsführern der arbeitgebenden Betriebe auf ihre Selbstversorgermengen in entsprechender Weise in Anrechnung zu bringen (Gutschrift auf Mahl- und Schlachtkarten).

Die Ernährung vieler Zwangsarbeiter war so schlecht, sodass sie krank und arbeitsunfähig wurden. Hungerbedingte Ausfälle von 20 – 25 % waren keine Seltenheit.

Die Verpflegungsschwierigkeiten hatten folgende Gründe:

1. Einige Lebensmittel wie zum Beispiel Kohlrüben konnten häufig nicht geliefert werden.
2. Bis zu 50% der angelieferten Kartoffeln und Kohlrüben waren erfroren oder verfault, sodass sie nicht verkocht werden konnten.
3. Das gelieferte Brot und Fleisch war von minderer Qualität.
4. Das zubereitete Essen schmeckte vielen Sowjet-Russen nicht.

Es traten also Mängel bei der Beschaffung der Lebensmittel, der Qualität und bei der Zubereitung der Mahlzeiten auf. Auf dem Land waren die Verhältnisse zum Teil günstiger. Häufig konnten Zwangsarbeiter durch zusätzliche Arbeit Lebensmittel hinzu verdienen. Oder der arbeitgebende Bauer wusste genau, dass eine gute und ausreichende Ernährung zur Verbesserung der Gesundheit und zu einem entsprechenden Arbeitsergebnis führte, und handelte aus eigenem Interesse entsprechend. [7]

Bekleidung

Bei den „Ostarbeitern" bestand ein erheblicher Mangel an vielen Kleidungsstücken. Der Spinnstoffsektor war durch die hohen Anforderungen der Wehrmacht und die Einwirkungen des Luftkriegs derart in Anspruch genommen, dass der Bekleidungsbedarf der ausländischen Arbeiter nicht erfüllt werden konnte.

Bezüglich der Bekleidung der Ostarbeiter gibt das **Merkblatt Nr. 1 für Betriebsführer über den Einsatz von Ostarbeitern** nur einige oberflächliche Erklärungen und wenig hilfreiche Ratschläge:

„ In wirklich dringenden Fällen können für Ostarbeiter wie bei den übrigen Ausländern Bezugscheine bei den Wirtschaftsämtern beantragt werden. Mit Rücksicht auf die angespannte Kriegslage muss daher ein strenger Maßstab angelegt werden, Anträge dürfen nur gestellt werden, soweit es zur Erhaltung der Arbeitsfähigkeit der betreffenden Ostarbeiter notwendig ist.

Im übrigen ist die Erhaltung und Pflege der mitgebrachten Kleidung besondere Beachtung zu schenken. In den Lagern sind Flick- und Schusterstuben einzurichten, sowie Kleiderappelle abzuhalten."[7]

---

7 Merkblatt Nr. 1 für Betriebsführer über den Einsatz von Ostarbeitern

Die mitgebrachte Kleidung der Ostarbeiter nutzte sich aber nun mal bei der täglichen Arbeit ab und das Schuhwerk war ungeeignet. Dieser Mangel an geeigneter Bekleidung konnte nicht abgestellt werden, sodass am 29. September 1942 der Beauftragte für den Vierjahresplan und der Generalbevollmächtigte für den Arbeitseinsatz das folgende Merkblatt für Betriebsführer und Ortsbauernführer über die Versorgung der Ostarbeiter mit Bekleidung herausgaben:

„ (…) Ferner wurde in Zusammenarbeit mit dem Reichsminister für die besetzten Ostgebiete eine besondere Aktion eingeleitet, welche die Heranführung der von den Ostarbeitern zurückgelassenen Wäsche, Kleidung und Schuhe zum Ziel hat. Hierzu gebe ich im einzelnen bekannt:

Von der Gelegenheit, sich seine zu Hause zurückgelassenen Kleidungsstücke in das Reich nachsenden zu lassen, soll möglichst jeder Ostarbeiter Gebrauch machen. Sie ist **einmalig** und bis **31. Oktober 1942** befristet.

Die Betriebsführer und Ortsbauernführer werden aufgefordert, alle Ostarbeiter von diesem Vorhaben in geeigneter Weise in Kenntnis zu setzen. Dabei ist darauf hinzuweisen, dass die Nachsendung seiner Kleidung im eigenen Interesse des Ostarbeiters liegt, dass ihm hierdurch keine Kosten entstehen und seine Angehörigen bei Ablieferung der Sachen bis zu 250 Rubel (= 25 RM) als Bekleidungsbeihilfe in bar ausgezahlt erhalten.

Die besonderen Verhältnisse gebieten die Einhaltung folgender (…) festgelegten Bestimmungen:

1. Der Ostarbeiter fordert seine zurückgelassenen Kleidungsstücke selbst schriftlich bei seinen Familienangehörigen an. Hierzu ist ausschließlich der in russischer und ukrainischer Sprache abgefasste, vom Arbeitsamt gelieferte Vordruck zu verwenden. **Die Hinzufügung weiterer Mitteilungen auf dem Vordruck ist verboten!**
    (…)

2. Absender genau angeben! Der Name wehrwirtschaftlicher Betriebe darf nicht genannt werden. (…)

Diese Aktion soll mit größtmöglicher Beschleunigung durchgeführt werden, damit die Ostarbeiter schnellstens in den Besitz der zurückgelassenen Kleider und Schuhe gelangen. Hierzu ist notwendig, dass die den verschiedenen Stellen zukommenden Aufgaben ohne jede Verzögerung durchgeführt werden.

(…)

Es ist damit zu rechnen, dass das in Auftrag gegebene Holzschuhwerk bereits von Mitte Oktober 1942 ab bei den Bekleidungslagern eingeht. Dagegen kann mit Lieferungen an Leibwäsche und Oberbekleidung vor Dezember 1942 nicht gerechnet werden, da die benötigten Stoffe erst gewebt und den Bekleidungswerkstätten zur Anfertigung der Stücke zugeleitet werden müssen.

Nähere Bekanntmachung erfolgt, sobald die Bekleidungslager über Bestände verfügen. [7]

Diese Sonderaktion führte zu keinem nennenswerten Ergebnis. Die Bedarfsanforderungen der ausländischen Arbeiter und Arbeiterinnen konnten kaum befriedigt werden und so waren diese Frauen und Männer darauf angewiesen, getragene Wäsche von ihren Arbeitgebern oder deutschen Kollegen zu erhalten.

---

7 Merkblatt für Betriebsführer und Ortsbauernführer über die Versorgung der Ostarbeiter mit Bekleidung, Privatbesitz Mohr

Löhne

Polen

Die Entlohnung polnischer landwirtschaftlicher Arbeiter war grundsätzlich niedriger als die der deutschen Arbeiter. Sie erfolgt nach der „Reichstarifordnung für polnische landwirtschaftliche Arbeitskräfte" vom 8. Januar 1940 (Reichsarbeitsblatt Nr. 2 vom 15. Januar 1940). In der „Reichstarifordnung für polnische landwirtschaftliche Arbeiter" wurde der Arbeitslohn auf bis zu 50 bis 80 Prozent der Einkünfte deutscher landwirtschaftlicher Arbeiter herabgesetzt. Die zivilen Ausländer mussten im Gegensatz zu den Kriegsgefangenen zur Kranken- und Unfallversicherung angemeldet werden.

Die Arbeitsbedingungen für gewerbliche polnische Arbeitskräfte waren die gleichen, wie für entsprechende reichsdeutsche Kräfte, soweit nicht für polnische Arbeitskräfte abweichende Bestimmungen getroffen wurden.

Am 8. Juni 1940 ordnete Dr. Völtzner, Reichstreuhänder der Arbeit für das Wirtschaftsgebiet Nordmark an:

§ 1

Folgende Leistungen aus dem Arbeitsverhältnis dürfen an **Polen nicht** gewährt werden:

Fortzahlung des regelmäßigen Arbeitsverdienstes für die ausfallende Arbeitszeit am 1. Mai (Gesetz über die Lohnzahlung am nationalen Feiertag des deutschen Volkes vom 26. April 1934 , Reichsgesetzblatt I, Seite 337), an einmaligen Sonderfeiertagen (Gesetz über einmalige Sonderfeiertage vom 17. April 1939, Reichsgesetzblatt I, Seite 763) und an den in der Anordnung zur Durchführung des Vierjahresplanes über die Lohnzahlung an Feiertagen

1. vom 3. Dezember 1937 (Deutscher Reichanzeiger Nr. 280) genannten Wochenfeiertagen;
2. Feiertagszuschläge zum Lohn für die unter 1 genannten Feiertage;

3. aussertarifliche Familien- und Kinderzulagen, Geburten- und Heiratsbeihilfen sowie Sterbegeld oder ähnliche Zuwendungen anlässlich des Todes des Beschäftigten;
4. zusätzliche Altersversorgung und zusätzliche Wochenhilfe;
5. Familienheimfahrten dürfen nur einmal im Jahr unter den Voraussetzungen gewährt werden, wie sie in den für Familienheimfahrten im Baugewerbe usw. geltenden tariflichen Vorschriften festgesetzt sind.

§ 2

1. Als Polen sind die bisherigen Staatsangehörigen anzusehen, falls sie nicht durch eine Bescheinigung der zuständigen Verwaltungsbehörde oder in sonstiger Weise nachweisen, dass sie nicht polnischen Volkstums sind.
2. Nicht dem polnischen Volkstum gehören die Kaschuben, die Slowaken an, ferner nicht die Oberschlesier, soweit sie in den ehemals preussisch-oberschlesischen oder österreichisch-schlesischen Teilen Ostoberschlesiens einschliesslich des westlich der Sola gelegenen Teils des Kreises Bielitz geboren oder beheimatet sind, es sei denn, dass sie von der für den Heimatort zuständigen Verwaltungsbehörde als Polen bezeichnet werden oder sich selbst zum polnischen Volkstum bekennen.
3. Dem polnischen Volkstum gehören ferner nicht die Litauer, die Ukrainer, die Grossrussen an.

§ 3

Diese Anordnung tritt am 8. Juni 1940 in Kraft.

Hamburg, den 8. Juni 1940   gez. Dr. Völtzer

Reichstreuhänder   der   Arbeit   für   das Wirtschaftsgebiet Nordmark [8]

---

8 Anordnung über die arbeitsrechtliche Behandlung der Polen vom 8. Juni 1940, Dr. Völtzer, Privatbesitz Mohr

Am 22. Juni 1940 sah sich Dr. Völtzer genötigt, die Entlohnung polnischer landwirtschaftlicher Arbeitskräfte im Wirtschaftsgebiet Nordmark per Anordnung zu regeln:

Bei dem Einsatz polnischer landwirtschaftlicher Arbeitskräfte haben sich aus der Uneinheitlichkeit der in der Praxis gezahlten Löhne erhebliche Schwierigkeiten ergeben.

Aufgrund der Bestimmungen über die Lohngestaltungsverordnung vom 25. 6. 1938 sowie der Zweiten Durchführungsbestimmungen zum Abschnitt III (Kriegslöhne) der Kriegswirtschaftsverordnung vom 12. 10. 1939 ordne ich daher für das Wirtschaftsgebiet Nordmark folgendes an:

§ 1

Diese Anordnung gilt für polnische landwirtschaftliche Arbeitskräfte, die unter die Reichstarifordnung für landwirtschaftliche Arbeitskräfte, die nicht im Besitze der Deutschen Staatsangehörigkeit sind, vom 8. 1. 1940 fallen.

§ 2

Die Lohnsätze der Reichstarifordnung vom 8. Januar 1940 dürfen in der Regel nicht überschritten werden.

§ 3

Höhere Löhne dürfen ohne Zustimmung des Reichstreuhänders der Arbeit nur gewährt werden,

    a) wenn besonders qualifizierte Arbeiten (z. B. als Schmied, Stellmacher usw.) geleistet werden oder

    b) wenn nachweislich überdurchschnittliche Leistungen vorliegen.

§ 4

Als Mindest- bzw. Höchstlöhne dürfen folgende Lohnsätze nicht unter-
bzw. überschritten werden:

A. Monatslöhner
(Knechte und Mägde neben freier Kost und Unterkunft)

Lohngebiet I

	Mindestlöhne		Höchstlöhne	
männl.	weibl.	männl.	weibl	
RM	RM		RM	RM

Im Alter von 21 J. und darüber:

26,50	20,00		36,00	30,00

Im Alter von 18 bis 20 Jahren:

24,00	17,50		34,00	25,00

Im Alter von 17 Jahren:

21,50	15,00		30,00	22,00

Im Alter von 16 Jahren:

18,00	12,50		25,00	18,00

Im Alter von 14 und 15 Jahren:

13,00	10,00		18,00	15,00

Lohngebiet II

Mindestlöhne		Höchstlöhne	
männl.	**weibl.**	**männl.**	**weibl.**
RM	RM	RM	RM

Im Alter von 21 J. und darüber:

25,00	17,50	35,00	27,00

Im Alter von 18 bis 20 Jahren:

22,50	15,00	32,00	22,00

Im Alter von 17 Jahren:

20,00	12,50	29,00	19,00

Im Alter von 16 Jahren:

16,00	10,00	23,00	16,00

Im Alter von 14 und 15 Jahren:

12,00	7,50	17,00	14,00

B. Stundenlöhner

Lohngebiet I

Mindestlöhne		Höchstlöhne	
männl.	**weibl.**	**männl.**	**weibl.**
RM	RM	RM	RM

Im Alter von 21 J. und darüber:

| 00,20 | 00,15 | 00,24 | 00,18 |

Im Alter von 18 bis 20 Jahren:

| 00,18 | 00,14 | 00,22 | 00,17 |

Im Alter von 17 Jahren:

| 00,16 | 00,13 | 00,19 | 00,15 |

Im Alter von 16 Jahren:

| 00,13 | 00,11 | 00,15 | 00,12 |

Im Alter von 14 und 15 Jahren:

| 00,10 | 00,09 | 00,10 | 00,09 |

Lohngebiet II

Mindestlöhne		**Höchstlöhne**	
männl.	**weibl.**	**männl.**	**weibl.**
RM	**RM**	**RM**	**RM**

Im Alter von 21 J. und darüber:

| 00,19 | 00,14 | 00,23 | 00,17 |

Im Alter von 18 bis 20 Jahren:

| 00,17 | 00,13 | 00,21 | 00,16 |

Im Alter von 17 Jahren:

| 00,15 | 00,12 | 00,17 | 00,14 |

Im Alter von 16 Jahren:

| 00,12 | 00,10 | 00,14 | 00,11 |

Im Alter von 14 und 15 Jahren:

| 00,09 | 00,09 | 00,10 | 00,09 |

Vorstehende Stundenlöhne erhöhen sich um 5 Rpf., wenn folgende Naturalien nicht gegeben werden:

wöchentlich	Kartoffeln	12,5 kg
wöchentlich	Brot	3,0 kg
wöchentlich	Mehl	0,375 kg
wöchentlich	Fett	0,25 kg
wöchentlich	Fleisch	0,5 kg
wöchentlich	Salz	0,25 kg
wöchentlich	Magermilch	7 Liter

Im übrigen gelten die sonstigen Bestimmungen der Reichstarifordnung vom 8. Januar 1940, soweit sie nicht im Rahmen dieser Anordnung eine Abänderung erfahren.

§ 5

Für das Wirtschaftsgebiet Nordmark geltende folgende Lohngebiete:

Lohngebiet I: Provinz Schleswig-Holstein und das Gebiet der Hansestadt Hamburg

Lohngebiet II: Land Mecklenburg sowie die Kreise Harburg, Stade, Land Hadeln und Stadtkreis Cuxhaven

§ 6

Soweit bestehende Arbeitsverträge höhere Löhne vorsehen, als nach der Anordnung zulässig ist, müssen die Betriebsführer die vereinbarten Löhne auf die Tarifsätze (Mindestlöhne) bzw. wenn die Voraussetzungen für eine Zahlung übertariflicher Löhne (vgl. § 3) vorliegen, auf die vorstehenden Höchstsätze zurückführen.

§ 7

Betriebsführer, die dieser Anordnung zuwiderhandeln oder sie umgehen, werden auf meinen Antrag gemäss § 2 der Lohngestaltungsverordnung vom 25. 6. 1938 mit Gefängnis und Geldstrafe (oder mit einer dieser Strafen) oder gemäss § 1 der Dritten Durchführungsbestimmungen zum Abschnitt III der Kriegswirtschaftsverordnung vom 12. 10. 1939 mit einer Ordnungsstrafe in unbeschränkter Höhe bestraft.

§ 8

Diese Anordnung tritt mit Wirkung vom 1. Juli 1940 in Kraft.

gez. Dr. Völtzer [9]

Laut Statistischem Bundesamt entsprach die Kaufkraft einer Reichsmark im Jahre 1940 dem heutigen Wert von ca. 4,50 €.

---

9 Anordnung über die Entlohnung polnischer landwirtschaftlicher Arbeitskräfte im Wirtschaftsgebiet Nordmark vom 22. Juni 1940, Dr. Völtzer-Reichstreuhänder der Arbeit für das Wirtschaftsgebiet Nordmark, Privatbesitz Mohr

Exkurs - Ernährungslage der Bevölkerung:

Mit Beginn des Krieges wurde stufenweise die Zwangsrationierung eingeführt. Fett, Fleisch, Butter, Milch, Käse, Zucker und Marmelade waren ab dem 1. September 1939 nur noch gegen Lebensmittelkarten erhältlich; Brot und Eier folgten ab dem 25. September.

Mitte Oktober 1939 wurde für Zivilpersonen die Rationierung von Textilien mittels einer ein Jahr gültigen "Reichskleiderkarte" eingeführt. Der Bezugsschein bestand aus 100 Punkten, die beim Kauf von Textilien abgerechnet wurden. Ein Paar Strümpfe "kostete" 4 Punkte, ein Pullover 25 Punkte, ein Damenkostüm 45 Punkte.

Der Ernährungsschwerpunkt verlagerte sich während des Krieges auf Kartoffeln, Hülsenfrüchte, Mehl und Zucker. Muckefuck, ein dünner Ersatzkaffee aus Gerste oder Eicheln, ersetzte zumeist den Bohnenkaffee. Ersatzkuchen wurden aus Mohrrüben oder Kartoffeln gebacken, die Ersatzmarmelade wurde aus Steckrüben hergestellt. Brot war nahezu im vorherigen Umfang erhältlich, wenn auch mit abnehmender Qualität. Ein "Normalverbraucher" erhielt in den ersten beiden Kriegsjahren pro Woche u.a. 2.250 Gramm Brot, 500 Gramm Fleisch und rund 270 Gramm Fett. Schwerarbeiter erhielten im Bezugssystem ebenso Sonderzulagen wie werdende Mütter oder Kinder. Nur sie kamen in den Genuss von Vollmilch, die übrigen Verbraucher erhielten Magermilch. Trotz Nahrungsmittelentbehrungen und eines kritischen Versorgungsjahres 1942 mit einer verschärften Rationierung und einem allmählich einsetzenden Mangel an Fett gab es im Deutschen Reich während des Kriegs keine ernsthaften Ernährungsprobleme. Zur Versorgung der deutschen Bevölkerung wurden die besetzten Gebiete rücksichtslos ausgebeutet und der "Tod durch Verhungern" in Osteuropa gezielt herbeigeführt.

Ostarbeiter

Die sogenannten „Ostarbeiter" (Ukrainer, Polen, Weißrussen und Russen) wurden von den Arbeitsschutzrichtlinien ausgenommen, und auch Urlaub war ihnen nicht gestattet. Sie erhielten im Vergleich zur deutschen Belegschaft nur einen Bruchteil der geltenden Tageslöhne.

Zwangsarbeit bedeutete im Kriegsverlauf immer länger werdende Arbeitszeiten und immer kürzere Pausen, zunehmende Kontrollen und ständige Bedrohungen durch Strafen, die u.a. die Einweisung in ein Arbeitslager beinhalteten.

Die Verordnung über die Einsatzbedingungen der Ostarbeiter vom 30. 6. 1942 – RGBL. I/42 Nr. 71 Seite 419/424 regelte die Höhe der täglichen, wöchentlichen und monatlichen Lohnzahlungen:

A. .Teil der Entgelttabelle bei täglicher Lohnzahlung [10]

Bruttolohn	Entgelt des Ostarbeiters		Ostarbeiterabgabe	
des vergleichbaren deutschen	Insgesamt für den Tag	davon sind für	uszuzahlende	Höhe der Abgabe
Arbeiters (Zeitlohn, Akkordlohn,	(§3 Absatz 2)	freie Unterkunft und	Betrag	(§10)
Prämienlohn) für den Tag		Verpflegung		
von mehr als –bis -				

in RM

Bruttolohn				
bis 1,40	1,60	1,50	0,10	-
1,40-1,45	1,62	1,50	0,12	-
1,45-1,50	1,65	1,50	0,15	-
1,50-1,60	1,67	1,50	0,17	-
1,60-1,70	1,70	1,50	0,20	-
1,70-1,80	1,72	1,50	0,22	-
1,80-1,90	1,75	1,50	0,25	0,10
1,90-2,00	1,80	1,50	0,30	0,15
2,00-2,15	1,85	1,50	0,35	0,20
2,15-2,30	1,90	1,50	0,40	0,30
2,30-2,45	1,95	1,50	0,45	0,40
2,45-2,60	2,00	1,50	0,50	0,50
2,60-2,75	2,05	1,50	0,55	0,60

2,75-2,90	2,10	1,50	0,60	0,70
2,90-3,05	2,15	1,50	0,65	0,80
3,05-3,20	2,20	1,50	0,70	0,90
3,20-3,35	2,25	1,50	0,75	1,00
3,35-3,50	2,30	1,50	0,80	1,10
3,50-3,65	2,35	1,50	0,85	1,20
3,65-3,80	2,40	1,50	0,90	1,30
3,80-3,95	2,45	1,50	0,95	1,40
3,95-4,10	2,50	1,50	1,00	1,50
4,10-4,25	2,55	1,50	1,05	1,60
4,25-4,40	2,60	1,50	1,10	1,70
4,40-4,60	2,65	1,50	1,15	1,80
4,60-4,80	2,70	1,50	1,20	1,95
4,80-5,00	2,75	1,50	1,25	2,10
5,00-5,20	2,80	1,50	1,30	2,25

B. 1. Teil der Entgelttabelle bei wöchentlicher Lohnzahlung

Bruttolohn   Entgeld des Ostarbeiters   Ostarbeiterabgabe

des vergleichbaren deutschen   Insgesamt für den Tag   davon sind für   uszuzahlende   Höhe der Abgabe

Arbeiters (Zeitlohn, Akkordlohn,   (§3 Absatz 2)   freie Unterkunft und   Betrag   (§10)

Prämienlohn) für den Tag   Verpflegung

von mehr als –bis -

in RM

bis 9,80	11,20	10,50	0,70	-
9,80-10,15	11,34	10,50	0,84	-
10,15-10,50	11,55	10,50	1,05	-
10,50-11,20	11,69	10,50	1,19	-

11,20-11,90	11,90	10,50	1,40	-
11,90-12,60	12,04	10,50	1,54	-
12,60-13,30	12,25	10,50	1,75	0,70
13,30-14,00	12,60	10,50	2,10	1,05
14,00-15,05	12,95	10,50	2,45	1,40
15,05-16,10	13,30	10,50	2,80	2,10
16,10-17,15	13,65	10,50	3,15	2,80
17,15-18,20	14,00	10,50	3,50	3,50
18,20-19,25	14,35	10,50	3,85	4,20
19,25-20,30	14,70	10,50	4,20	4,90
20,30-21,35	15,05	10,50	4,55	5,60
21,35-22,40	15,40	10,50	4,90	6,30
22,40-23,45	15,75	10,50	5,25	7,00
23,45-24,50	16,10	10,50	5,60	7,70
24,50-25,55	16,45	10,50	5,95	8,40
25,55-26,60	16,80	10,50	6,30	9,10
26,60-27,65	17,15	10,50	6,65	9,80
27,65-28,70	17,50	10,50	7,00	10,50
28,70-29,75	17,85	10,50	7,35	11,20
29,75-30,80	18,20	10,50	7,70	11,90
30,80-32,20	18,55	10,50	8,05	12,60

32,20-33,60	18,90	10,50	8,40	13,65
33,60-35,00	19,25	10,50	8,75	14,70
35,00-36,40	19,60	10,50	9,10	15,75
36,40-37,80	19,95	10,50	9,45	16,80
37,80-39,20	20,30	10,50	9,80	17,85
39,20-40,60	20,65	10,50	10,15	18,90
40,60-42,00	21,00	10,50	10,50	19,95
42,00-43,40	21,35	10,50	10,85	21,00
43,40-44,80	21,70	10,50	11,20	22,05

Ostarbeiterabgabe

Die Ostarbeiterabgabe war in der Zeit des Nationalsozialismus eine spezielle Steuer. Sie wurde eingeführt, um zu verhindern, dass die „billigen" Zwangsarbeiter die deutschen Arbeitskräfte vollständig aus den betreffenden Berufen verdrängten. Die Abgabe wurde zum 30. Juni 1942 mit der „Verordnung über die Einsatzbedingungen der Ostarbeiter" (RGBl I, 1942, S. 419 ff.) eingeführt.

Der Zwangsarbeiterlohn wurde nach dem Lohn eines deutschen Arbeiters, nach Abzug von Sozialabgaben, Unterkunft- und Verpflegungskosten und der sogenannten Ostarbeiterabgabe berechnet, so dass der tatsächlich ausgezahlte Lohn sehr gering war oder gar nichts ausgezahlt wurde.

---

10 Merkblatt Nr.1 für Betriebsführer über den Einsatz von Ostarbeitern, S.15-20, Privatbesitz Mohr

C. 1. Teil der Entgelttabelle bei monatlicher Lohnzahlung

Bruttolohn	Entgelt des Ostarbeiters		Ostarbeiterabgabe
des vergleichbaren deutschen	Insgesamt für den Tag	davon sind für	uszuzahlende	Höhe der Abgabe
Arbeiters (Zeitlohn, Akkordlohn,	(§3 Absatz 2)	freie Unterkunft und	Betrag	(§10)
Prämienlohn) für den Tag		Verpflegung		
von mehr als –bis -				

in RM	in RM	in RM	in RM	in RM
bis 42,00	48,00	45,00	3,00	-
42,00-43,50	48,60	45,00	3,60	-
43,50-45,00	49,50	45,00	4,50	-
45,00-48,00	50,10	45,00	5,10	-
48,00-51,00	51,00	45,00	6,00	-
51,00-54,00	51,60	45,00	6,60	-
54,00-57,00	52,50	45,00	7,50	3,00
57,00-60,00	54,00	45,00	9,00	4,50
60,00-64,50	55,50	45,00	10,50	6,00
64,50-69,00	57,00	45,00	12,00	9,00
69,00-73,50	58,50	45,00	13,50	12,00
73,50-78,00	60,00	45,00	15,00	15,00
78,00-82,50	61,50	45,00	16,50	18,00
82,50-87,00	63,00	45,00	18,00	21,00
87,00-91,50	64,50	45,00	19,50	24,00
91,50-96,00	66,00	45,00	21,00	27,00
96,00-100,50	67,50	45,00	22,50	30,00
100,50-105,00	69,00	45,00	24,00	33,00
105,00-109,50	70,50	45,00	25,50	36,00
109,50-114,00	72,00	45,00	27,00	39,00
114,00-118,50	73,50	45,00	28,50	42,00

118,50-123,00	75,00	45,00	30,00	45,00
123,00-127,50	76,50	45,00	31,50	48,00
127,50-132,00	78,00	45,00	33,00	51,00
132,00-138,00	79,50	45,00	34,50	54,00
138,00-144,00	81,00	45,00	36,00	58,00
144,00-150,00	82,50	45,00	37,50	63,00
150,00-156,00	84,00	45,00	39,00	67,50
156,00-162,00	85,50	45,00	40,50	72,00
162,00-168,00	87,00	45,00	42,00	76,50
168,00-174,00	88,50	45,00	43,50	81,00
174,00-180,00	90,00	45,00	45,00	85,50
180,00-186,00	91,50	45,00	46,50	90,00
186,00-192,00	93,00	45,00	48,00	94,50
192,00-198,00	94,50	45,00	49,50	99,00

Das Verhältnis Deutsche - Zwangsarbeiter

Begegnungen zwischen Deutschen und Zwangsarbeitern fanden in den großen Lagern der Industrie vermutlich nur während der Arbeit und dort im Bereich der Reglementierung statt. Ganz anders war es in den landwirtschaftlichen Betrieben. Hier ergaben sich häufig persönliche Kontakte, in vielen Fällen wurden die Zwangsarbeiter höflich und respektvoll behandelt und bekamen besseres Essen, bei guter Arbeit auch Extraportionen und Geldzuwendungen. Allerdings gab es auch hier Ausnahmen – Misshandlungen, Beschimpfungen, Schläge, unzureichendes Essen und schlechte Unterkünfte - so zeigte mancher Betriebsführer seinem Zwangsarbeiter, was er von ihm hielt. Vernachlässigungen und Schikanierungen resultierten oft aus einer durch den Nationalsozialismus geprägten rassistischen Grundhaltung, die den Zwangsarbeitern das Leben sehr erschwerte. Trotzdem gab es Handlungsspielräume. Ob Zwangsarbeiter erniedrigt und misshandelt wurden oder ob sie einem Rest von Menschlichkeit begegneten, hing auch vom Verhalten des Einzelnen ab.

Ideologische Grundlagen – rassische Hierarchisierung – unterschiedliche Verhaltensvorschriften – unterschiedliche Bestrafungen

Die Unterscheidung der Ausländer nach ihrer nationalen Herkunft wirkte sich auf ihre Lebensverhältnisse aus und bestimmte die Behandlung und Reglementierung ihres Lebens.

Ausländische Arbeitskräfte wurden nach ihren Herkunftsgebieten unterschieden (Stand Ende 1942) –

„Bei den fremdvölkischen Arbeitern sind zu unterscheiden:

- Arbeitskräfte germanischer Abstammung: Flamen Dänen Holländer, Norweger
- Arbeitskräfte sonstiger uns verbündeter bzw. befreundeter souveräner Staaten, z. B. Italiener, Spanier, Slowaken, Kroaten, Bulgaren, Ungarn
- Arbeitskräfte aus den besetzten Gebieten im Westen. Hierzu gehören die Wallonen und Belgier und alle aus Frankreich kommenden Arbeitskräfte, gleich welchen Volkstums
- Arbeitskräfte aus den besetzten Gebieten des Südostens: z.B. Serben und Griechen
- Arbeitskräfte aus dem Protektorat Böhmen und Mähren nichtdeutscher Abstammung (Protektoratsangehörige)
- Arbeitskräfte aus den ehemaligen baltischen Staaten (Litauer, Esten und Letten)
- Arbeitskräfte nichtpolnischen Volkstums aus dem Generalgouvernement und den eingegliederten Ostgebieten (Ukrainer, Weißruthenen, ferner Kaschuben, Masuren, Slonsaken , soweit sie in die deutsche Volksliste nicht aufgenommen worden sind). Zu den eingegliederten Ostgebieten gehört außer dem Gau Danzig-Westpreußen, dem Warthegau der Regierungsbezirk Bialystock, der Regierungsbezirk Zichenau und der eingegliederte Teil von Oberschlesien. Zum Generalgouvernement gehört auch der Distrikt Lemberg.

- Arbeitskräfte polnischen Volkstums aus dem Generalgouvernement und den eingegliederten Ostgebieten (Polen)
- Arbeitskräfte aus den altsowjetrussischen Gebieten, mit Ausnahme der ehemaligen Staaten Litauen, Lettland, Estland, des Bezirks Bialystock und des Distrikts Lemberg: Ostarbeiter" [11]

Behandlung der Fremd- und Zwangsarbeiter gemäß ihrer rassischen Hierarchisierung

Für die Arbeiter aus befreundeten Staaten (Kroatien, Ungarn usw.) und für diejenigen, die der „germanischen Rasse" angehörten (Niederländer, Skandinavier, Flamen), bestanden keine besonderen Verhaltensvorschriften, sie konnten im allgemeinen wie Deutsche behandelt werden, sollten aber keine Vorgesetztenfunktion ausüben. Ihre Unterbringung brauchte also nicht in einem Lager erfolgen. Ausgenommen davon waren die Kriegsgefangenen, die einer Bewachung unterlagen.

Die „fremdvölkischen Westarbeiter" waren schärferer Bewachung am Arbeitsplatz ausgesetzt und sollten nach Möglichkeit in Lagern getrennt von den „germanischen" Arbeitern untergebracht werden, an eine Sesshaftmachung oder Familienzusammenführung war nicht gedacht. Vorkehrungen gegen Disziplinlosigkeit waren zu treffen und Arbeitsunlust und reichsfeindliches Verhalten wurden von der Gestapo verfolgt. Es bestand ein Verbot von Geschlechtsverkehr mit Deutschen.

Für sowjetische „Ostarbeiter", Serben oder Polen und ab 1943 Italiener galten bezüglich ihrer Behandlung verschärfte Vorschriften. Eine strenge gesellschaftliche Isolation dieser Personengruppe gegenüber vermeintlich rassisch höherstehenden Deutschen war angestrebt.

[11] Herbert, U., Fremdarbeiter. Politik und Praxis des "Ausländer-Einsatzes" in der Kriegswirtschaft des Dritten Reiches, Berlin/Bonn 1986, S. 136

Auf Rassenschande stand die Todesstrafe

Als Ausfluss der NS-Rassenideologie war der sexuelle Kontakt zwischen polnischen bzw. sowjetischen Männern und deutschen Frauen streng verboten. Bei „sexueller Belästigung von deutschblütigen Frauen" wurde die Todesstrafe verhängt. Den Polen drohte die öffentliche Hinrichtung. Gegen deutsche Frauen, die mit Ausländern Geschlechtsverkehr hatten, wurden nach §4 der Wehrmachtsschutzverordnung Gefängnisstrafen und Zuchthaus verhängt, daneben drohte ihnen öffentliche „Anprangerung" wegen Rassenschande. Trotz Androhung schärfster Strafen seitens der Nazis kam es immer wieder zu intimen Beziehungen zwischen Deutschen und Ausländern.

Ausnahmerecht für Polen und „Ostarbeiter"

Im zweisprachigen Merkblatt "Pflichten" der Zivilarbeiter und -arbeiterinnen polnischen Volkstums vom 8.März 1940 war aufgelistet, was verboten war und wie es im Übertretungsfall bestraft wurde. Die Bestimmungen wurden von der Gestapo rigide überwacht. Die Bekanntgabe der Vorschriften durch Verlesen des obigen Merkblattes diente als Grundlage für die Aburteilung von polnischen Arbeitskräften. Polnische und später auch sowjetische Arbeiter wurden nicht an ordentliche Gerichte überstellt, falls ihnen Übertretungen vorgeworfen wurden, wurden sie an die Staatspolizeileitstellen überführt und dort abgeurteilt. Es bestand also ein Ausnahmerecht für diese Personengruppen. Als Strafen waren Arbeitserziehungslager oder KZ vorgesehen.

Zwangsarbeiter, die sich gegen ihre Arbeitgeber "auflehnten", also Anweisungen nicht befolgten oder tätlich wurden, mussten für Jahre in ein verschärftes Straflager. Die Urteile gegen die Ausländer wurden zur Abschreckung auf Plakaten öffentlich angeschlagen, teilweise öffentlich vollstreckt.[12]

Ein echtes Massenphänomen stellte dagegen der ebenfalls verbotene sexuelle Kontakt zu französischen Kriegsgefangenen dar. Per Erlass der Gestapo vom 23.8.1944 war das Verbot auch auf die ehemaligen französischen Kriegsgefangenen ausgedehnt worden, die nach dem mit der Vichy Regierung im April ausgehandelten Abkommen zur "Transformation" inzwischen als zivile Zwangsarbeiter galten:

"Im Gegensatz zu den übrigen französischen Zivilarbeitern, ist den beurlaubten Kriegsgefangenen jeder Verkehr mit deutschen Frauen (geselliger Umgang und Geschlechtsverkehr) ausdrücklich verboten. Das Verbot wurde erlassen, weil der deutsche Soldat - insbesondere der Frontsoldat - selbstverständlich dagegen geschützt werden muss, dass sich Kriegsgefangene an deutschen Frauen vergehen. Bei Verstößen gegen das Verbot sind grundsätzlich staatspolizeiliche Maßnahmen gegen den beurlaubten Kriegsgefangenen durchzuführen. Je nach Schwere des Falles (Beteiligung einer Ledigen, einer Ehefrau, einer Kriegerfrau) ist mit staatspolizeilicher Warnung, Einweisung in ein Arbeitserziehungslager oder Schutzhaft bis zu 6 Monaten vorzugehen. Bei Rückfälligkeit und in jedem Falle des Geschlechtsverkehrs ist bei dem Kommandanten des zuständigen Stalag Rückführung in die Kriegsgefangenenschaft zu beantragen."[13]

Die an der Beziehung beteiligten deutschen Frauen sollten allerdings in einem solchen Fall zumindest gerichtlich nicht bestraft werden, eine staatspolizeiliche Ahndung für ihr "gemeinschaftswidriges" Verhalten aber war dennoch nicht ausgeschlossen. Das konnte Einweisung in ein KZ bedeuten. Bei "verbotenem Umgang" von nicht-beurlaubten französischen Kriegsgefangenen dagegen erwarteten die Frauen auf der Grundlage der Strafvorschriften zum Schutz der Wehrkraft des Deutschen Volkes vom 25.11.1939 Gefängnis- oder Zuchthausstrafen.

---

12 Staatsarchiv Augsburg, Regierung von Schwaben und Neuburg, Nr.: 17369

13 Schreiben vom 23. 8. 1944 der Geheimen Staatspolizei, Staatspolizeileitstelle Hannover, Erlass des Chefs der Sicherheitspolizei und des SD vom 31. 8. 1943 – IV D 4 – 961/43 [2]

Einige Beispiele:

Ab Oktober 1941 war die Bewachung der französischen Kriegsgefangenen gelockert worden, dadurch entfiel die direkte militärische Überwachung. So konnten sich relativ leicht Beziehungen zu französischen Kriegsgefangenen entwickeln. Die Sprachbarriere war nicht sonderlich groß. Das tägliche Zusammensein bei der Arbeitsstelle ließ auch menschliche Nähe zu.
Die ledige Margarete E. wurde 1922 geboren und wohnte in Homburg. Sie arbeitete
dort seit Oktober 1941 als Fabrikarbeiterin bei der Firma Pumpen A.G. Sie gab einem französischen Kriegsgefangenen am 20.11.1941 ihr Butterbrot, obwohl man sie darauf hinwies, dass dies verboten sei. Eine Woche später bat der Franzose um ein Treffen,
was sie erst ablehnte, ihm dann aber doch auf einem Zettel Treffpunkt und Uhrzeit mitteilte und diesen in seiner Nähe fallen ließ. In den folgenden Tagen traf sie sich häufiger mit dem Franzosen am Waschraum und in der Toilette und tauschte dort mit ihm Küsse und Berührungen aus. Ihr häufiges Fehlen an der Arbeitsstelle fiel auf, der Betriebsobermann
erwischte sie und erstattete Anzeige.
Das Sondergericht Saarbrücken verurteilte sie am 11.2.1942 wegen verbotenen Umgangs mit Kriegsgefangenen zu einer Gefängnisstrafe von acht Monaten. [14]

Irene Sophie P. arbeitete seit Juli 1943 bei der Firma Electroacustic in Neumünster. Als Werkstattschreiberin hatte sie auch Kontakt zu den dort arbeitenden Kriegsgefangenen. Sie freundete sich mit einem Franzosen an und wurde denunziert. Das Kieler Sondergericht verurteilte die Frau lediglich zu 8 Monaten Gefängnis, da es nicht zum Geschlechtsverkehr gekommen sei und ihr der bei der Wehrmacht dienende Mann verziehen habe.

Nicht so glimpflich kam die 27-jährige Mariechen S. davon, die bei den Nestle-Werken in Kappeln arbeitete. Sie hatte ein Verhältnis mit dem französischen Kriegsgefangenen Chollot N. Das Sondergericht verurteilte Mariechen S. zu einer Zuchthausstrafe von 1 Jahr und 6 Monaten. In der Urteilsbegründung hieß es: "Der Geschlechtsverkehr einer deutschen Frau mit einem Kriegsgefangenen ist nicht nur würdelos und gefährdet das Ansehen der deutschen Frau im Auslande, er bedeutet auch eine schwere Kränkung der deutschen Kämpfer an der Front, vor allem der Gefallenen."

Frauen, die sexuelle Beziehungen mit polnischen Kriegsgefangenen hatten, wurden durch "Prangerfahrten" häufig öffentlich zur Schau gestellt, die Kriegsgefangenen in mehreren Fällen gelyncht. So wurden 1941 im Bezirk Flensburg zwei Polen, die Beziehungen zu deutschen Frauen hatten, von der Polizei öffentlich gehängt.

Von 1940 bis 1945 verurteilte das Schleswig-Holsteinische Sondergericht 229 Frauen und 38 Männer wegen verbotener zwischenmenschlicher Beziehungen zwischen Deutschen und ausländischen ZwangsarbeiterInnen. [15]

Gruppenfoto der Kellinghusener SS

---

14 Der verbotene Umgang mit Kriegsgefangenen im Dritten Reich. Beziehungen deutscher Frauen zu ausländischen Kriegsgefangenen anhand von Akten aus dem Landesarchiv Saarbrücken, Gedenkstätte Hinzert

15 http://www.gegenwind.info/122/sondergericht.html

Am 22. August 1944 schrieb der Bürgermeister der Stadt Kellinghusen
- Wilken - an den Herrn Landrat – Ausländeramt – in Itzehoe:
Wegen Geschlechtsverkehr mit deutschen Frauen und Mädchen sind
hier am 21. 8. 44 nachstehend aufgeführte französische
Kriegsgefangene, jetzt Zivilarbeiter, in Haft genommen und der
Gestapo Außendienststelle in Itzehoe zugeführt:

1.	Gourland, Paul in Bourg	landw. Arbeiter	geb.	1. 4. 1914
2.	Jouanisson, Emile in St.Victor	Schlosser	geb	22. 1. 1905
3.	Viraud, Andre St. Pierre	landw. Arbeiter	geb.	15. 7. 1913 in
4.	Pons, Yvon in Beaulieu	Schuhmacher	geb.	8. 8. 1909
5.	Fourrier, Paul in Poridne	Schmied	geb.	5. 2. 1918
6.	Savois, Charles in Pantin	landw. Arbeiter	geb.	8. 12. 1907
7.	Barthe, Louis in Fleurance	landw. Arbeiter	geb.	8. 2. 1912
8.	Morel, Raymond in Amancy	Schlachter	geb.	15. 2. 1913
9.	Feuteun, Francois in Ederrn [16]	Bäcker	geb.	7. 11. 1914

Am 25. 8. 1944 folgte ein zweites Schreiben an den Landrat –
Ausländeramt – in Itzehoe:
Wegen Geschlechtsverkehr mit deutschen Frauen und Mädchen sind
hier am 24. 8. 44 nachstehend aufgeführte französische

Kriegsgefangene, jetzt Zivilarbeiter, in Haft genommen und der Gestapo Außendienststelle in Itzehoe zugeführt:

1.	Dissous, Roger in Tubersent	Bäcker	geb.	1. 11. 13
2.	Lecaille, Jean Maroeul	landw. Arbeiter	geb.	30. 4. 08 in
3.	Dunand, Francois in La Roche	landw. Arbeiter	geb.	10.11.13
4.	Trias, Rene Campagnan	landw. Arbeiter	geb.	13.7.08 in
5.	Herberrier, Maroel Begles	Kraftfahrer	geb.	26.6.16 in
6.	Gris, Bernard in Poitiers [17]	Schriftsetzer	geb.	13.3.11

Wenige Tage zuvor, waren die ersten zwei Frauen festgenommen und in das Polizeipräsidium nach Kiel verbracht worden: Frau C. und Frau Q., wohnhaft in der Gartenstraße in Kellinghusen. Aus demselben Grund wurden am 15. 8. 1944 Frau B., Frau B. und Frau M. festgenommen und in das Polizeigefängnis Neumünster, Hart 48 gebracht.

Am 18. 8. 1944 erfolgte die Festnahme von Frau W., Frau L. aus der Lindenstraße, Frau H., Frau S., Frau H. und Frau L. Auch sie wurden in das Polizeigefängnis Neumünster, Hart 48 überführt. Ihnen allen wurde Geschlechtsverkehr mit französischen Zivilgefangenen vorgeworfen.[18]

Am 26. 8. 1944 wurde zusätzlich Frau Käthe L. von der Gestapo festgenommen.

Frau L. gab am 14. 12. 1945 die folgende eidesstattliche Erklärung vor dem Bürgermeister der Stadt Kellinghusen ab, der ihre Angaben bestätigte:

„Hiermit erkläre ich eidesstattlich, daß ich am 26. 8. 1944 von der Gestapo wegen Umgang mit einem Ausländer verhaftet wurde.

Ich war in Neumünster, Kiel und im Zuchthaus Lübeck Lauerhof, woselbst ich am 2. 3. 1945 entlassen wurde." [18]

Die Reaktionen der Zwangsarbeiter auf erlittenes Unrecht waren häufig lustloses Arbeiten, Arbeitsverweigerungen, Verlassen des Arbeitsplatzes, Flucht und offener Widerstand. So auch bei manchen Zwangsarbeitern in Kellinghusen und Umgebung- einige Fälle sind bekannt:

Am 19. September 1942 verpflichtet sich der polnische Zivilarbeiter Olexa Schulyk schriftlich seiner Arbeit in Zukunft nachzugehen und nicht mehr widerspenstig zu sein:

Warnungsniederschrift

Der polnische Zivilarbeiter Olexa Schulyk, geb. 13. 1. 1915 zu Novici, wohnhaft bei Bauer Peter Krohn im Luisenhof, Quarnstedter Straße erklärt:

Ich verpflichte mich hierdurch, in Zukunft meiner Arbeit weiterhin nachzugehen und nie mehr widerspenstig zu sein. Die Anordnungen meines Arbeitgebers werde ich befolgen.Ich bin belehrt und nochmals eindringlich gewarnt worden.

---

16 und 17   Stadtarchiv Kellinghusen, Regal IV, Fach 12, Nr.: 8
18   Die Namen der verhafteten Frauen sind anonymisiert. Berichtbuch der Polizei Kellinghusen, Archiv der Stadt Kellinghusen

Ferner wurde mir eröffnet, daß ich im Wiederholungsfalle mit noch schärferen staatspolizeilichen Maßnahmen evtl. mit der Überführung in ein Konzentrationslager zu rechnen habe.

Ich habe alles verstanden und weiß, wie ich mich zu verhalten habe.

Unterschrieben: Olexa Schulyk [19]

Am 27. 8. 1943 meldet der Polizeimeister Freitag der Kellinghusener Ortspolizeibehörde an die Staatspolizei Itzehoe:

Am Freitag, den 20. 8. 1943 ist der sowjetrussische Ostarbeiter Michael Nikolay geb. am 20. ß. 1924, Heimatort Kaluga, welcher bei der Bäuerin Rehder, hier Vorbrügger Straße, in Arbeit stand, flüchtig geworden.

Nikolay steht außerdem im Verdacht aus der Autogarage des Dr. med. Bünz ein Damenfahrrad entwendet zu haben.[20]

Am 4. Oktober 1943 informiert die Ortspolizeibehörde in Kellinghusen die Kriminal-Leitstelle Hamburg:

In der Nacht vom 3. zum 4. Oktober 1943, Uhrzeit unbekannt, ist die russische Ostarbeiterin Tatjana Litwinenko, geb. 1925 in Tscherweno-Lescheo, Kreis Romny, aus ihrer Stellung bei dem Bauern Rudolf Krohn, hierselbst Quarnstedter Straße 90 entwichen ist. Sie führt keinerlei Papiere mit sich.

---

19 Stadtarchiv Kellinghusen, Warnungsniederschrift der Ortspolizeibehörde Kellinghusen vom 12. September 1942

20 Stadtarchiv Kellinghusen, Meldung der Kellinghusener Ortspolizeibehörde vom 27. 8. 1943

In derselben Nacht ist die russische Ostarbeiterin Vera Posicenka, geb. am 8. 12. 1928 zu Dnjeprpetrowsk, aus ihrer Stellung bei dem Bauern Johs. Ibs, hierselbst, Krim entwichen. Sie hat ihre Arbeitskarte im Besitz, ausgestellt von dem Arbeitsamt Elmshorn, gültig vom 16. 7. 42 bis 31. 1. 44, Nr. 682.

Da beide für die Landarbeit wenig Lust zeigten, besteht der Verdacht, daß beide nach Iserlohn, grüner Weg 6 zu einer dort wohnenden Freundin abgereist sind.

gez. Freitag [21]

Erst am 6. 12. 1943 antwortet die Staatliche Kriminalpolizei Hamburg:

Die umseitig näherbezeichneten Litwinenko und Posicienko waren hier nicht zu ermitteln. Im D. F. Buch sind beide Genannten zur Festnahme nicht ausgeschrieben.[22]

---

21 Stadtarchiv Kellinghusen, Meldung der Ortspolizeibehörde Kellinghusen an die Kriminal-Leitstelle Hamburg vom 4. Oktober 1943

22 Stadtarchiv Kellinghusen, Meldung der Kriminal - Leitstelle Hamburg vom 6. 12. 1944

Im Mai 1944 hatte sich der polnische Kraftfahrer Piotr Skiermont bei der Arbeit wiederholt unkooperativ und uneinsichtig gezeigt, sodass die örtliche Polizeibehörde die Geheime Staatspolizei in Itzehoe einschaltete. Die Gestapo entschied:

<u>Betrifft:</u> Polnischer Zivilarbeiter, Kraftfahrer Piotr Skiermont, geb. 29. 10. 19   zu Litzmannstadt, beschäftigt bei der Fa. Singelmann und Co – Holzbearbeitungsfabrik – in Kellinghusen

Im kriegswirtschaftlichen Interesse ist von einer Inschutzhaftnahme des Obengenannten Abstand genommen worden, weil der Arbeitgeber des Skiermont die Arbeitskraft sehr dringend zur Ausführung von Wehrmachtsaufträgen benötigt und der Firma ein geeigneter Treckerfahrer z. Zt. nicht zur Verfügung steht. Den Polen bitte ich, in eine Geldstrafe von 100 RM zu nehmen und diesen zu belehren.

Der Betrag wurde an die NSV entrichtet.[23]

Für polnische Zwangsarbeiter wurde im März 1940 das „P"-Zeichen geschaffen.

---

23 Stadtarchiv Kellinghusen, Meldung der Geheimen Staatspolizei Kiel, Außenstelle Itzehoe vom 25. 5 1944

Ihre Unzufriedenheit mit den Arbeits- und Lebensverhältnissen drückten die Zwangsarbeiter häufig durch das Verlassen des Arbeitsplatzes oder offene Arbeitsverweigerung aus. Vielfach wurde ihnen dann organisierter Widerstand vorgeworfen. Am 15. Februar 1945 wurden durch die Geheime Staatspolizei Kiel wegen des Verdachts der Organisierung einer Widerstandsbewegung unter anderen nachstehende Ausländer in Kellinghusen festgenommen und nach Kiel transportiert:

1. Peters, Franziskus, Kaufmann, geb. 15 3. 89, Nijmwegen (Niederlande),
   wohnhaft: Kellinghusen, Lehmbergstraße 25

2. Zbruk, Stanislav, Landarbeiter, geb. 22. 5. 14 in Przyloge, Kreis Konskie (Polen)
   wohnhaft: Kellinghusen, Luisenberg

3. Burny; Stanislaw, Arbeiter, geb. 5. 3. 26 in Ruda-Pawnowska, Kreis Frawolin (Polen)
   wohnhaft: Kellinghusen, Hauptstraße 5

4. Kowalczyk, Stanislaus, Schuhmacher, geb. 2. 8. 19 in Mnin, Kreis Konskie (Polen)
   wohnhaft: Kellinghusen, Luisenberg

5. Wilczopolski, Sergius, Schuhmacher, geb. 11. 11. 16, Scheczgejew (Polen)
   wohnhaft: Kellinghusen, Schulstraße 6

6. Grzegorczak, Francizek, Schuhmacher, geb. 10. 3. 15 in Dilltal, Kreis Sielburg (Polen)
   wohnhaft: Kellinghusen, Schulstraße 6

7. Werschina, Maria, Hausgehilfin, geb. 6. 12. 24 in Saporohsje (alt sowjetrussisches Gebiet)
   Wohnhaft: Kellinghusen, Luisenstraße 37

8. Rabowa, Valentina, Gartenarbeiterin, geb. 2. 12. 26 in Trytisk, Kreis Gorodok
Wohnhaft: Kellinghusen, Hermannstraße 39

Am 17. 2. 45 festgenommen:

9. Skiermont, Piotr, Arbeiter, geb. 29. 10. 19 in Litzmannstadt (Polen)
wohnhaft: Kellinghusen, Hauptstraße 5 [24]

Im „Arbeitserziehungslager Nordmark" ermordet:

Der Kellinghusener Zwangsarbeiter

Piotr Skiermont

Piotr Skiermont wurde am 29. 10. 1919 in Lodz (Litzmannstadt) in Polen geboren und zur Zwangsarbeit nach Deutschland verschleppt. In Kellinghusen arbeitete er bei der Firma Singelmann und Co K.G., einer Holzbearbeitungsfabrik, als Traktorfahrer und Arbeiter. Da diese Firma auch Stiele für Handgranaten fertigte, galt sie im kriegswirtschaftlichen Sinne als wichtig. Piotr Skiermont wohnte im Patentkrug, Hauptstraße 5, in Kellinghusen.

Im Frühsommer 1944 hatte er vermutlich gegen einige Regeln für Ostarbeiter verstoßen, denn am 25. 5. 1944 schrieb die Geheime Staatspolizei Kiel an den Kellinghusener Bürgermeister:

(…) „Im kriegswirtschaftlichen Interesse ist von einer Inschutzhaftnahme des Piotr Skiermont Abstand genommen worden, weil der Arbeitgeber des Skiermont die Arbeitskraft sehr dringend zur Ausführung von Wehrmachtsaufträgen benötigt und der Firma ein geeigneter Treckerfahrer z. Zt. nicht zur Verfügung steht."

---

24 Stadtarchiv Kellinghusen, Schreiben des Bürgermeisters der Stadt Kellinghusen als Ordnungsbehörde an den Landrat in Itzehoe vom 20.Februar 1945

Am 17. Februar 1945 wurde der Zwangsarbeiter Piotr Skiermont durch die Geheime Staatspolizei Kiel wegen des Verdachts der Organisierung einer Widerstandsbewegung in Kellinghusen festgenommen und nach Kiel in das „AEL Nordmark" transportiert. Dort wurde er am 26. 4. 1945 ermordet.

Das Register des Friedhofs Eichhof vermerkt für die Zeit vom 16. bis zum 26. 4. 1945 119 Bestattungen von Opfern des „AEL Nordmark", darunter über 60 Exekutierte. In diesem Zeitraum wurden im Lager Massenerschießungen durchgeführt, vornehmlich Ausländer und Gefangene, die verdächtigt wurden, mit der Widerstandsgruppe des Kieler Kommunisten Scoor in Verbindung gestanden zu haben.

Piotr Skiermont ist in der Totenliste des Lagers verzeichnet. Diese Liste enthält die Namen von 418 Opfern des AEL Nordmark, die während des Krieges auf dem Friedhof Eichhof begraben wurden. Den Grundstock für die Liste bildet das Friedhofsregister. Ein Auszug daraus wurde bereits 1947 angefertigt und dem britischen Militärgericht als Beweisdokument vorgelegt. [25]

Beerdigt wurde Piotr Skiermont auf dem Friedhof Eichhof Kiel, Feld Nr. 49, Grab Nr. 439.

Im „Arbeitserziehungslager Nordmark" ermordet:

Der Kellinghusener Zwangsarbeiter

Stanislaw Burny

Stanislaw Burny wurde am 5. 3. 1926 in Ruda Tarnowska, Polen, geboren. Das kleine Dorf oder die kleine Siedlung liegt am östlichen Ufer der Weichsel, ungefähr 40 km südöstlich der polnischen Hauptstadt Warschau.

1943 wurde der 17-jährige zur Zwangsarbeit nach Deutschland verschleppt. Er wurde in Kellinghusen im Patentkrug, Hauptstraße 5 untergebracht.

Am 15. Februar 1945 wurde der Zwangsarbeiter Stanislaw Burny durch die Geheime Staatspolizei Kiel wegen des Verdachts der Organisierung einer Widerstandsbewegung in Kellinghusen festgenommen und nach Kiel in das „AEL Nordmark" transportiert. Dort wurde er am 26. 4. 1945 ermordet.

Das Register des Friedhofs Eichhof vermerkt für die Zeit vom 16. bis zum 26. 4. 1945 119 Bestattungen von Opfern des „AEL Nordmark", darunter über 60 Exekutierte. In diesem Zeitraum wurden im Lager Massenerschießungen durchgeführt, vornehmlich Ausländer und Gefangene, die verdächtigt wurden, mit der Widerstandsgruppe des Kieler Kommunisten Scoor in Verbindung gestanden zu haben.

Stanislaw Burny ist in der Totenliste des Lagers verzeichnet. Diese Liste enthält die Namen von 418 Opfern des AEL Nordmark, die während des Krieges auf dem Friedhof Eichhof begraben wurden. Den Grundstock für die Liste bildet das Friedhofsregister. Ein Auszug daraus wurde bereits 1947 angefertigt und dem britischen Militärgericht als Beweisdokument vorgelegt. [26]

Beerdigt wurde Stanislaw Burny auf dem Friedhof Eichhof Kiel, Feld Nr. 60, Grab Nr. 639.[27]

25 Vergl. Detlef Korte, „ Das Arbeitserziehungslager Nordmark " in Kiel-Russee 1944/45, Dissertation, CAU Kiel, 1990, S. 303

26 Vergl. Detlef Korte, „ Das Arbeitserziehungslager Nordmark " in Kiel-Russee 1944/45, Dissertation, CAU Kiel, 1990, S.298

27 Am 24. Juni 1959 schreibt das DRK Suchdienst München an den Vater Franciszek Burny: „In Beantwortung Ihrer Suchanfrage bedauern wir Ihnen mitteilen zu müssen, dass in den Unterlagen des Internationalen Suchdienstes über das Schicksal des Obengenannten folgende Informationen vorliegen: Burny, Stanislaw, geboren 5. 3. 1926, Staatsangehörigkeit polnisch oder russisch, ist am 26. 4. 1945 im Arbeitserziehungslager Nordmark in Kiel, Rendsburger Landstr. verstorben. : Grablage: Friedhof – Eichhof Kiel, Feld Nr. 60, Grab Nr. 639. Der Sterbefall ist beim Standesamt Kiel beurkundet.

Copy of 6.3.3.2. / 105678953 in conformity with the ITS Archives, Bad Arolsen, Korrespondenzakte T/D-758745

Im „Arbeitserziehungslager Nordmark" ermordet:

Der Kellinghusener Zwangsarbeiter Stanislaw Zbrog

Stanislaw Zbrog wurde am 22. 5. 1914 in Przylogi, Polen, geboren. Das Dörfchen Przylogi befindet sich gut 100 km südwestlich der polnischen Hauptstadt Warschau.

Am 11. 4. 1940 wurden er und seine Ehefrau Eugenia Zbrog zur Zwangsarbeit nach Deutschland deportiert. Beide arbeiteten vom 15. 4. 1940 an auf dem Gut Luisenberg in Kellinghusen.

Am 15. Februar 1945 wurde der Zwangsarbeiter Stanislaw Zbrog durch die Geheime Staatspolizei Kiel wegen des Verdachts der Organisierung einer Widerstandsbewegung in Kellinghusen festgenommen und nach Kiel in das „AEL Nordmark" transportiert. Dort wurde er am 21. 4. 1945 (beurkundet durch das Standesamt Kiel—Sterbeurkunde Nr. 944/1949) oder anderen Angaben zufolge am 26. 4. 1945 ermordet.

Das Register des Friedhofs Eichhof vermerkt für die Zeit vom 16. bis zum 26. 4. 1945 119 Bestattungen von Opfern des „AEL Nordmark", darunter über 60 Exekutierte. In diesem Zeitraum wurden im Lager Massenerschießungen durchgeführt, vornehmlich Ausländer und Gefangene, die verdächtigt wurden, mit der Widerstandsgruppe des Kieler Kommunisten Scoor in Verbindung gestanden zu haben.

Stanislaw Zbrog ist in der Totenliste des Lagers nicht verzeichnet. Diese Liste enthält die Namen von 418 Opfern des AEL Nordmark, die während des Krieges auf dem Friedhof Eichhof begraben wurden. Den Grundstock für die Liste bildet das Friedhofsregister. Ein Auszug daraus wurde bereits 1947 angefertigt und dem britischen Militärgericht als Beweisdokument vorgelegt. [28]

Beerdigt wurde Stanislaw Zbrog auf dem Friedhof Eichhof Kiel, Feld Nr. 60, Grab Nr. 639.

---

28   Vergl. Detlef Korte, „ Das Arbeitserziehungslager Nordmark " in Kiel-Russee 1944/45, Dissertation, CAU Kiel, 1990, S. 304. In der Totenliste ist ein Stanislaus Zbroy, geboren am 22.5. 1919 verzeichnet. Bei der Registrierung

der Toten wurde, insbesondere was die Schreibweise der Namen betrifft, äußerst nachlässig verfahren. Die Liste ist aus den o. g. Gründen mit Vorbehalt zu verwenden, kommentiert der Verfasser.

Kellinghusener im Arbeitserziehungslager Nordmark

Wer in Kellinghusen durch die Preußerstraße geht oder den Lockstedter Weg befährt, der wird sich vielleicht an die beiden SPD-Mitglieder Willi Sitzmann und Heinrich Praeske erinnern. Beide Männer waren Häftlinge des AEL Nordmark.

Nach der Entfesselung des 2. Weltkrieges durch Hitler-Deutschland musste die Wehrmacht im weiteren Kriegsverlauf hohe menschliche Verluste hinnehmen. Aus den deutschen Betrieben wurden deshalb dringend benötigte Arbeitskräfte zur Wehrmacht eingezogen. Um diese Lücken zu schließen, wurden ausländische Arbeitskräfte angeworben und, nachdem diese Werbungen nicht den gewünschten Erfolg hatten, arbeitsfähige Männer und Frauen, insbesondere aus Polen und der Sowjetunion, zur Sklavenarbeit nach Deutschland verschleppt. Hinzu kam die große Anzahl der Kriegsgefangenen.

Viele Zwangsarbeiter brachten nicht die geforderte Arbeitswilligkeit auf. So gingen die Nazi- Behörden dazu über, sogenannte Arbeitserziehungslager zu errichten. Diese Haftstätten dienten hauptsächlich der Unterdrückung ausländischer Zwangsarbeiter.

Während die Konzentrationslager dem SS-Wirtschaftsverwaltungshauptamt unterstellt waren, war für das AEL die örtliche Staatspolizeistelle zuständig.

Das Arbeitserziehungslager Nordmark bei Kiel war eines von ca. 200 Lagern, die zwischen 1940 und 1945 im Dritten Reich errichtet wurden und in denen sogenannte Arbeitsverweigerer - Deutsche und vor allem ausländische Zwangsarbeiter – bestraft werden sollten, ohne sie dauerhaft ihren Betrieben zu entziehen.

In den Richtlinien des „ Reichsführers SS Heinrich Himmler " für die Errichtung eines AEL vom 12. 12. 1941 wird unter anderem festgelegt:

„ In die Arbeitserziehungslager dürfen nur Arbeitsverweigerer sowie arbeitsvertragsbrüchige und arbeitsunlustige Elemente, deren Verhalten einer Arbeitssabotage gleichkommt, oder die allgemeine Arbeitsmoral gefährden und aus diesem Grund polizeilich festzunehmen sind, eingewiesen werden. (…) "

„ Die Dauer der Haft darf höchstens 56 Tage betragen und zwar sowohl für deutsche wie auch für ausländische Häftlinge. " (…)

„ Der Lagerleiter ist dafür verantwortlich, dass die Häftlinge rechtzeitig entlassen werden. "

1944 beantragte Fritz Schmidt, Leiter der Kieler Gestapo, ein AEL, da das Polizeigefängnis in der Blumenstraße notorisch überbelegt war. Lagerleiter wurde der SS-Sturmbannführer Johannes Post. Beide Männer, Schmidt und Post, waren überzeugte Anhänger der NSDAP , hatten den Rang eines SS-Sturmbannführers und waren während des Krieges an der Ermordung hunderter Zivilisten beteiligt.

Trotz der eindeutigen Richtlinien Himmlers sah die Realität in dem AEL Nordmark ganz anders aus. Hier wurde gemordet, misshandelt und gequält. Im AEL Nordmark waren der Kieler Gestapo-Chef und der Lagerleiter Herren über Leben und Tod.

Als Grund der Inhaftierung wurde bei der Mehrheit der Häftlinge des AEL Nordmark Arbeitsbummelei, Arbeitsuntreue, Verstoß gegen den Arbeitsvertrag und Sabotage angegeben. Dafür genügte es, dem Vorgesetzten unsympathisch zu sein oder seinen Anordnungen widersprochen zu haben. Denunziationen waren an der Tagesordnung und reichten häufig als Grund aus, den Betreffenden in ein AEL einzuweisen. Der Willkür waren Tür und Tor geöffnet. Im AEL Nordmark wurden aber auch politische Gefangene inhaftiert, gefoltert und ermordet.

Die Häftlinge mussten ab fünf Uhr morgens zehn bis zwölf Stunden Schwerstarbeit leisten, indem sie das Lager mitaufbauten oder Trümmer beseitigten. Wer die Arbeit nicht schaffte, wurde geschlagen, im Bunker inhaftiert oder wurde erhängt, erschlagen oder erschossen. Wie in den Konzentrationslagern sind im AEL Nordmark Massenmorde begangen worden. In Massengräbern fand man planlos übereinander gehäufte Leichen, darunter Jugendliche, auch Mädchen. Anwohner des Lagers berichteten, dass bei Tag und Nacht Schüsse im Lager fielen und Schreie gehört wurden. Arbeitsunfähige Gefangene wurden von den Wachposten gesteinigt.In dem Bunker (dem Gefängnis im Lager) gab es 48 winzige Einzelzellen, die nicht beheizt werden konnten. Das Dach war so konstruiert, dass Regenwasser in die Zellen lief. Eine Holzpritsche stand ca. 10cm hoch vom Fußboden ab im Wasser. Im Winter froren den Inhaftierten Zehen, Füße oder gar Beine ab. [29]

---

29 Detlef Korte, „ Das Arbeitserziehungslager Nordmark " in Kiel-Russee 1944/45, Dissertation, CAU Kiel, 1990

Am 15. 11. 1947 berichtet die „ Schleswig-Holsteinische Volkszeitung " unter der Überschrift:

Der Weg ins Lager war mit Leichen übersät

Im Verlauf des KZ-Russee-Prozesses wurden in dieser Woche weitere Belastungszeugen vernommen. Walter Koopmann sagte aus: Eines Tages mussten die Häftlinge eine etwa 500 Meter vom Lager entfernte Baracke abbauen und die einzelnen großen Platten zu je vier Mann ins Lager tragen. Dabei mussten sie über ein Feld laufen, während der Lagerkommandant Post von hinten auf sie schoss. Der Weg sei mit Toten übersät gewesen, die sie dann auf den großen Platten in die Waschbaracke tragen mussten. Fast alle hätten Kopf- und Genickschüsse gehabt. Über hundert Tote hätten zu seinen Füßen gelegen.

Willi Sitzmann wurde am 2. April 1897 in Kellinghusen geboren und zog mit seinen Eltern 1905 in den Lockstedter Weg. Er hat in verschiedenen Berufen gearbeitet: auf einem Bauernhof, in der Westphalschen Gerberei, als Ausfahrer der Mühle Schröder und im Wasserbauamt Glückstadt.

Am 13. Februar 1945 erscheint die Gestapo in der Mühle Schröder und verhaftet ihn. Aus der Wohnung im Lockstedter Weg wird noch das Radio beschlagnahmt. Danach wird er in das AEL Nordmark transportiert. Die Gründe für seine Verhaftung liegen im Dunkeln, denn Willi Sitzmann wird als fleißig, zuverlässig und pflichtbewusst beschrieben. Wahrscheinlich ist er denunziert worden. Oder es reichte die Mitgliedschaft in der SPD.

Willi Sitzmann mit seiner Frau[30]

1944 – Willi Sitzmann mit Nachbarn[31]

Im Lager war er der Kiesgrube zugeteilt, der schwersten Arbeitsstelle. Von dieser Arbeit hat Willi Sitzmann berichtet:

„ Während der Zeit, in der ich in der Kiesgrube beschäftigt war, habe ich gesehen, dass viele Häftlinge von den Wachmannschaften mit einem Knüppel geschlagen worden sind. Manche Wachleute hatten hierfür einen langen Gummiknüppel, der an einem Ende mit Blei gefüllt war, hergestellt. Sie schlugen meist blindlings über den Kopf auf den Häftling ein. Ob hierfür ein besonderer Grund vorgelegen hat, weiß ich nicht. Ich nehme aber an, dass sie zu wenig gearbeitet haben, und sie sollten durch diese Prügelstrafe mehr leisten. Ich habe einmal gesehen, wie ein Wachmann einen Häftling aufforderte, durch ein Wasserloch etwa 60cm tief zu gehen, bzw. sich hinzulegen. Er kam dieser Aufforderung nicht nach und wurde von dem Wachmann ohne Vorhalt erschossen. " [32]

Ein russischer Häftling, der angeblich nicht genug gearbeitet hatte, wurde in der Kiesgrube mit einem Gewehrkolben dermaßen traktiert, dass seine Schädeldecke stark verletzt wurde. Der Ohnmächtige wurde in eine Badewanne gelegt und mit kalten Wasser abgespült. Danach warfen ihn die SS-Männer auf den Betonfußboden. Als er immer noch nicht zur Besinnung kam, wurde er in die Leichenbaracke geschafft und starb.

Willi Sitzmann konnte das AEL Nordmark Anfang Mai 1945 mit kaputten Knien, verlaust und unterernährt verlassen. Er war einer der wenigen, die es schafften, 80 Tage im AEL Nordmark zu überleben!

Ein weiterer Kellinghusener Häftling im AEL Nordmark war Heinrich Praeske, wohnhaft in der Preußerstraße. Er wurde am 13. Februar 1945 verhaftet und in das AEL Nordmark gebracht. Heinrich Praeske wird als zuverlässig und fleißig beschrieben. Auch er ist vermutlich denunziert worden.

Heinrich Praeske wurde wie Wili Sitzmann zur Arbeit in der Kiesgrube eingeteilt. Am 28. 6. 1947 machte er folgende Aussage vor der Polizei Kellinghusen:

„ Zuerst kam ich in die Kiesgrube und musste dort Kies in Loren schaufeln. Am folgenden Tag wurde ich Vorarbeiter und hatte eine Kolonne bis zu 30 Mann zu beaufsichtigen, es waren dies alles Ausländer. Da ich nicht streng genug zu den Häftlingen war, wurde ich nach 4 Tagen abgelöst. Ich wurde wieder einer Kolonne zugeteilt und musste Kies schippen. Wenn in der Grube keine Beschäftigung war, mussten wir den Platz planieren bzw. Straßen bauen. ... Auch in der Kiesgrube wurden die Häftlinge mit Knüppeln und Gewehrkolben geschlagen, weil sie infolge Krankheit die Arbeit nicht mehr leisten konnten. " [33]

Völlig entkräftet wurde Heinrich Praeske Anfang Mai 1945 entlassen und kehrte nach Kellinghusen zurück.

---

30 - 31 Fotos aus dem Privatbesitz von Frau Michaelsen, Tochter von Willi Sitzmann

32 Aussage vor der Polizei Kellinghusen (25. 6. 1947), Stawk 2 Js 809/63, Bd. 15.

33 Aussage vor der Polizei Kellinghusen (28. 6. 1947), Stawk 2 Js 809/63, Bd. 15

Lageralltag im Arbeitserziehungslager Nordmark -

Zeitzeugen berichten

Die auf den folgenden Seiten dargelegten Informationen über das „AEL Nordmark" sind der Dissertationsschrift von Detlef Korte, 1990, **„Das Arbeitserziehungslager Nordmark in Kiel—Russee 1944/45"** entnommen.

Aussage eines ehemaligen Häftlings vor der Polizei Kiel am 5. 6. 1947:

„ Als ein russischer Häftling in der Kiesgrube angeblich nicht genügend gearbeitet hatte, wurde er mit einem Gewehrkolben dermaßen traktiert, dass seine Schädeldecke stark demoliert wurde. Der Ohnmächtige wurde in eine Badewanne gelegt und mit kaltem Wasser abgespült. Danach warfen ihn SS-Männer auf den Betonfußboden. Als er immer noch nicht zur Besinnung kam, wurde er in die Leichenbaracke geschleift und starb." [34]

Aussage des ehemaligen Häftlings Orszulan vor dem britischen Militärgericht am 13. 11. 1947:

„Im Lager regelrecht totgeschlagen wurde ein polnischer Häftling namens Kuplinski. Er war aus Neumünster nach Russee gekommen und wurde gleich bei seiner Ankunft im Lager mit Holzknüppeln verprügelt. Danach musste er täglich Zement für den Barackenbau mischen und wurde dabei permanent geschlagen. Nach drei Wochen war Kuplinski derart zugerichtet, daß er nicht mehr arbeiten konnte und in das Lagerlazarett eingeliefert werden mußte. Nach einigen Tagen holten ihn SS-Männer zum Steineschleppen heraus. Kuplinski konnte nicht mehr gehen, sondern kroch auf allen vieren. Zwei Wachleute liefen neben ihm her und schlugen ihn mit Knüppeln. Einen Tag später war er tot und wurde auf dem Lagergelände verscharrt." [35]

Lageralltag—Zeitzeugen berichten

Spätestens ab Herbst 1944 war die Ernährung im AEL Nordmark absolut katastrophal!

Aussage des ehemaligen Häftlings des AEL Nordmark Walter B. vor der Polizei Kiel am 29.7. 1964:

„Die Verpflegung war katastrophal, es gab meistens Rote-Beete-Suppe, die völlig kraftlos war. Morgens gab es etwas Kaffee und eine Scheibe Brot, völlig trocken und ohne irgendeinen Belag. Abends gab es wiederum Kaffee und eine Scheibe Brot mit irgend einem Stück Wurst oder Sülze dabei, hin und wieder war eine Scheibe Brot mit Käse beschmiert. Diese Verpflegung reichte auf Dauer nicht zum Leben aus, und ich habe Häftlinge gesehen, die verhungert waren."[36]

---

34 Detlef Korte, „ Das Arbeitserziehungslager Nordmark " in Kiel-Russee 1944/45, Dissertation, CAU Kiel, 1990, S. 152

35 Ebenda, Seite 152

36 Detlef Korte, „ Das Arbeitserziehungslager Nordmark " in Kiel-Russee 1944/45, Dissertation, CAU Kiel, 1990, S.165 – Aussage vor der Polizei Kiel, StawK 2 Js 809/63, Bd. 5

Eidesstattliche Erklärung des Häftlings Josef Braitmann am 10. 4. 1947:

„Für den ganzen Tag bekamen wir dann eine Wassersuppe mit Steckrüben und zwei Scheiben Brot zu essen. Manchmal war auf einer Scheibe Brot etwas Margarine, manchmal etwas Marmelade."[37]

Aussage des Häftlings Jaques Sabatier vor dem britischen Militärgericht am 7. 11. 1947:

„ Wir bekamen jeden Morgen um 6 Uhr einen Becher Kaffee, d. h. Kaffeeersatz, ca. 100g Brot und dann gewöhnlich, bis wir um 5 oder 6 Uhr nachmittags von der Arbeit kamen, nichts. Nach der Arbeit bekamen wir Graupensuppe. Kartoffeln waren nicht drin. Das einzige Brot, das wir bekamen, war … eine Scheibe morgens. Wenn wir etwas bekamen, dann von Zivilisten in Kiel, und nicht von unseren Wachen."[38]

---

36   Detlef Korte, „ Das Arbeitserziehungslager Nordmark " in Kiel-Russee 1944/45, Dissertation, CAU Kiel, 1990, S.165 – Aussage vor der Polizei Kiel, StawK 2 Js 809/63, Bd. 5

37   Ebenda, Seite 165 – Eidesstattliche Erklärung, PRO WO 235/483

38   Ebenda, Seite 165 – Aussage vor dem britischen Militärgericht, PRO WO 235/481

Lageralltag—Zeitzeugen berichten

Eine häufige Todesursache im Lager war die Unterernährung und die sehr schwere Arbeit. Vom Tod durch Verhungern waren hauptsächlich sowjetische Gefangene betroffen.

Am 11.11. 1947 machte der Brotlieferant Wilhelm S. folgende Aussage vor der Polizei Kiel. Er fuhr ab Sommer 1944 dreimal wöchentlich ins AEL.

„Die Häftlinge waren derart entkräftet, dass 20 Mann benötigt wurden, um einen leeren Karren zu ziehen. Dieser Hinweis macht jeglichen weiteren Kommentar über die dortige Ernährung überflüssig."[39]

Die Gerichtliche Medizin der Universität Kiel bestätigt Ende Mai 1945 den schlechten Ernährungszustand vieler Häftlinge. Vier Leichen vom Gelände des AEL Russee waren zur Untersuchung eingeliefert worden. Die Sektionsprotokolle hielten fest:

Leiche 1 (20 bis 24 Jahre alte Frau): leidlicher Ernährungszustand

Leiche 2 (35 bis 40 Jahre alter Mann): sehr dürftiger Ernährungszustand; weitgehend abgemagert

Leiche 3 (etwa 45 Jahre alter Mann): äußerst herabgesetzter Ernährungszustand

Leiche 4 (50 bis 55 Jahre alter Mann): dürftiger Ernährungszustand; abgemagert; hinsichtlich der Todesursache wurde angegeben:

„Die Sektion ... hat Befunde ergeben, wie sie beim Hungertod vorzukommen pflegen. Hierfür spricht die Beschaffenheit der Muskulatur, des Herzens und des Knochenmarkes in den großen Röhrenknochen." [40]

Die Krankenbaracke—Zeitzeugen berichten

Die Zustände in der Krankenbaracke—dem sogenannten Revier— waren katastrophal! Die ehemaligen Häftlinge J. und H. machten vor der Staatsanwaltschaft Kiel bzw. der Polizei Kiel folgende detaillierte Angaben:

J.: „Dort lagen etwa 60 bis 70 Gestalten herum bzw. krochen sie herum, fast nur Haut und Knochen. Teils splitternackt lagen sie meistens zu zweien in einem Holzgestell, als Unterlage etwas Stroh oder dünnen Strohsack, über und über voll Läuse. ... Diese Kranken hatten teils blutunterlaufende Striemen und teils schwer eiternde Wunden am ganzen Körper, offensichtlich von Mißhandlungen herrührend." [41]

H.: „Es war ein Bild des Grauens, wie man diese todkranken Menschen dort untergebracht hatte, die lagen völlig nackt zu zweien in einem Bettgestell, nur auf einem Papierstrohsack mit einer Wolldecke zugedeckt, ganz gleich, ob einer der beiden Ruhr oder TBC oder beides hatte." [42]

Der ehemalige Häftling B. Scoor berichtete am 12.11.1947 vor dem britischen Militärgericht, wie der Sanitäter Jensen Kranke durch Injektionen tötete:

„ ... Ich habe gesehen, daß im Revier Spritzen gegeben wurden ... Nach 5 Minuten wurde der Gefangene aus der Zelle geholt. Als er herausgebracht wurde, war er ganz steif und sah aus wie eine Leiche. Das war das letzte, was ich von diesem Gefangenen sah." [43]

---

39   Detlef Korte, „ Das Arbeitserziehungslager Nordmark " in Kiel-Russee 1944/45, Dissertation, CAU Kiel, 1990, S.167 – Aussage vor der Polizei Kiel, StawK 2 Js 809/63, Bd. 15

40   Ebenda, Seite 168 - IGM Sektionsprotokolle 95 – 98/1945

41   Ebenda, Seite 172 - Brief an die Staatsanwaltschaft Kiel (22. 4. 1955), StawK 2 Js 809/63, Bd. 7.

Massenerschießungen—Zeitzeugen berichten

Ein ehemaliger SS-Mann   machte am 28. 10 1964 folgende Aussage vor der Staatsanwaltschaft Kiel:

„Diese Sache war die schlimmste und scheußlichste, die sich im AEL ereignet hat. ... Die kranken Häftlinge machten teilweise erhebliche Schwierigkeiten. Daraufhin wurden sie von den Wachleuten geschlagen. ... Die Häftlinge wurden dann (von der Sanitätsbaracke) nach und nach zum Leichenhaus geschafft. Hierbei haben sich teilweise furchtbare Szenen abgespielt. Soweit die Häftlinge infolge ihrer Erkrankung oder Verletzung nicht in der Lage waren, selbst zu gehen, wurden sie getragen. Zu den Häftlingen ... gehörte auch derjenige Häftling, dessen beide Füße im Bunker erfroren und dann amputiert worden waren. ... Dieser Häftling wollte sich nicht tragen lassen, er schleppte sich aus eigener Kraft zum Leichenhaus. Im Leichenhaus wurden die Häftlinge ausgezogen, teilweise allerdings nur ihr Oberkörper freigemacht. ... Die schwerkranken Häftlinge sollten dann einzeln nacheinander in der Grube erschossen werden.

Da ereignete sich folgendes: Der russische Häftling mit den amputierten Füßen sprach einiges zu den anderen schwerkranken Häftlingen. Offenbar hatte diese kurze Ansprache zur Folge, daß sich ein Häftling nach dem anderen ohne Bewachung und ohne Widerstand von dem Leichenhaus zur Erschießungsgrube begab. Dieses Verhalten der Häftlinge, die unmittelbar vor ihrem Tode standen, war unfaßbar. ...Ich habe gesehen, daß die Häftlinge, wenn sie die Grube erreicht hatten, teilweise selbst hineinsprangen, teilweise ... hineingestoßen wurden.

In der Grube wurden sie ... mit der Pistole erschossen. [44]

---

42 Detlef Korte, „ Das Arbeitserziehungslager Nordmark " in Kiel-Russee 1944/45, Dissertation, CAU Kiel, 1990, S.173 – Aussage vor der Polizei Kiel (6.6.1947) StAK, 36.142.

43 Ebenda, Seite 172 - Aussage vor dem britischen Militärgericht (12.11.1947)

44 Ebenda, Seite 180 - Aussage vor der Staatsanwaltschaft Kiel (28.10.1964), StawK 2 Js 809/63, Bd. 6.

Exekutionen Ende April 1945 im „AEL-Nordmark"

Ende April befanden sich noch ca. 60 angebliche oder tatsächliche Angehörige der „Gruppe Scoor" im Lager. Die ehemaligen Wachleute E. und K. machten 1964 der Kieler Staatsanwaltschaft gegenüber genauere Angaben über Hinrichtungen im Lager:

E.: „Es war an einem Tage nach dem 20. April 1945, es war an einem Abend, es war noch nicht ganz dunkel. ... Ich hielt mich damals in der Baracke auf, in der ich das Materiallager verwaltete. ... Ich sah aus dem Fenster, von dem aus man den Bunker sehen konnte. ...

Als ich aus der Handwerksbaracke Richtung Waschraum schaute, sah ich nacheinander völlig nackte Personen aus diesem Waschraum kommen. Ich erinnere mich mit Sicherheit heute daran, daß diese Personen dann einzeln durch Genickschuß getötet wurden. Ohne besonderen Vorhalt gebe ich an, daß es insgesamt etwa 60 Opfer gewesen sein müssen." [45]

K.: „Bei diesen Opfern handelte es sich um Häftlinge des Lagers, es waren wohl ausländische Angehörige verschiedener Widerstandsgruppen. ... Eines Tages wurden etwa 60 Mitglieder der Widerstandsgruppen im Bunker zusammengefaßt. ...

... Die Häftlinge wurden in kleinen Gruppen zu fünf oder sechs Häftlingen vom Bunker zum Leichenhaus ... geführt. ... Die Opfer wurden dann aus dem Leichenhaus nackt herausgeführt. Dann wurden die Opfer gezwungen , sich hinter dem Leichenhaus mit dem Gesicht nach unten auf die Erde zu legen. Wenn der betreffende Häftling auf der Erde lag, wurde er ... mit der Maschinenpistole hinterrücks erschossen." ... [46]

---

45 Detlef Korte, „ Das Arbeitserziehungslager Nordmark " in Kiel-Russee 1944/45, Dissertation, CAU Kiel, 1990, S.219 – Aussage vor der Staatsanwaltschaft Kiel (8.6.1964) StawK 2 Js 809/63, Bd. 5.

46 Ebenda, Seite 220 – Aussage vor der Staatsanwaltschaft Kiel (28.10.1964), StawK 2 Js 809/63, Bd. 6.

Die Lager

Die Grundsätze für die Unterbringung der Zivilarbeiter regelte die Anordnung Nr. 4 des GBA (Generalbevollmächtigter für den Arbeitseinsatz – Gauleiter Sauckel) vom 7. Mai 1942:

Die Unterkünfte der ausländischen Arbeiter und Arbeiterinnen müssen hinsichtlich Ordnung, Sauberkeit und Hygiene vorbildlich und mit allem Notwendigen ausgestattet sein. Alle Arbeitseinsatzbehörden, die Dienststellen der DAF und des Reichsnährstandes und die Betriebsführer müssen darin miteinander wetteifern, zu erreichen, daß alle eingesetzten fremdländischen Arbeiter und Arbeiterinnen

a) von deutscher Überlegenheit, von deutschem Können und von deutscher Organisation unbedingt ebenso überzeugt werden, wie

b) von deutscher Gerechtigkeit, Unbestechlichkeit und Sauberkeit im öffentlichen Leben, ganz gleich um welche Völker es sich handeln mag, um Völker artverwandten Blutes oder um Menschen aus den Sowjetgebieten.

Im einzelnen ist folgendes zu beachten:

Die gewerblichen ausländischen Arbeiter werden grundsätzlich in Gemeinschaftslagern untergebracht. Soweit irgend möglich sind für die einzelnen Nationen getrennte Lager einzurichten. Auf jeden Fall müssen für die Angehörigen der einzelnen Nationalitäten getrennte Baracken vorgesehen werden; hierbei ist auf die politische Einstellung der Nationen zueinander unbedingt Rücksicht zu nehmen.

Eine Unterbringung in Privatquartieren kommt nur in besonderen Fällen (z. B. Angestellte) in Betracht.

Die Lager müssen in gesundheitlicher Hinsicht unter allen Umständen einwandfrei sein. Die Ausstattung muss zwecksprechend sein, jedoch auf die kriegsbedingten Verhältnisse abgestellt bleiben. Zum Beispiel richtet sich die Hergabe von Bettwäsche nach den Beständen der Betriebe.

Neue Bettwäsche können die Betriebe nur noch ausnahmsweise und nur für weibliche Arbeitskräfte beschaffen.

Die Unterbringung der ausländischen Landarbeiter erfolgt nach den gleichen Grundsätzen entsprechend den besonderen Verhältnissen in der deutschen Landwirtschaft.

Entscheidender Wert ist darauf zu legen, daß in der Unterbringung den nationalen Gewohnheiten der ausländischen Arbeiter und Arbeiterinnen weitestgehend entsprechend den gegebenen kriegsbedingten Möglichkeiten Rechnung getragen wird.

Die Wirklichkeit sah ganz anders aus: In Kellinghusen wurden leerstehende Gebäude oder auch Gebäudeteile, Ställe und sogar ein leerstehender Lkw als Lager benutzt, in der Landwirtschaft wurde auf vielen Bauernhöfen Einzelunterbringung erlaubt. Die Arbeiter und Arbeiterinnen wurden getrennt von der deutschen Hausgemeinschaft in kleinen Kammern oder Ställen untergebracht, kaltes Wasser gab es dann im Kuh- oder Schweinestall, warmes Wasser durften sich die Arbeiter und Arbeiterinnen meistens aus der Küche holen. Als Toilette diente ein Eimer und häufig gab es keine Heizung und keine Beleuchtung.

In den größeren Städten oder bei größeren Industrieansiedlungen wurden für die Zwangsarbeiter neue Barackenlager errichtet. Diese Lager verfügten über Wasch-, Kantinen-, Kranken- und Gemeinschaftsbaracken. Allerdings erkrankten zahlreiche ausländische Arbeiter und Arbeiterinnen an **Fleckfieber,** eine Krankheit, die durch Läusebisse übertragen wird. Die Unterkunftsräume waren zum Teil völlig unhygienisch und verlaust.

Krankheit, Invalidität und Tod – Sozialversicherungsvorschriften

Die deutschen Sozialversicherungsvorschriften galten auch für die ausländischen Zivilarbeiter. Sie mussten also für die Kranken-, Unfall-, Invaliden- und Arbeitslosenversicherung Beiträge entrichten. Dementsprechend leistungspflichtig waren die Krankenkassen bei Erkrankungen und die Unfallversicherungen bei Unfällen.

Polnische Arbeitskräfte unterlagen der Pflicht zur Kranken- und Unfallversicherung in gleicher Weise wie deutsche Arbeitskräfte. Das galt nicht für die „Ostarbeiter". Ihnen wurde nur ein „Krankenversorgungsschutz" gewährt, aber keine Lohnfortzahlung.

Ab dem 1. 8. 1942 wurde den „Ostarbeitern" neben der Versorgung mit Medikamenten auch die Möglichkeit der Aufnahme in ein Krankenhaus gewährt. Neben einigen größeren Krankenhäusern wurden spezielle Baracken errichtet, die ausschließlich der Unterbringung schwer erkrankter „Ostarbeiter" dienen sollten.

Für infektiös erkrankte ausländische Zivilarbeiter wurden spezielle „Seuchenlager" errichtet.

Vom Kellinghusener Krankenhaus ist bekannt, dass dort im November 1940 zwei polnische „Zivilarbeiter" zur Krätzebehandlung untergebracht waren.

Bei infektiösen Krankheiten wurden ausländische „Zivilarbeiter" in das Seuchenlager Hindorf im Kreis Süderdithmarschen geschickt. Im Seuchenlager Hindorf wurden die ausländischen Infektionskranken des Kreises Süderdithmarschen und der Nachbarkreise behandelt. Dort standen 1943 31 Betten und eine Abteilung mit 15 Betten für Tbc – Kranke zur Verfügung. Es darf angenommen werden, dass Typhus, auch Fleckfieber genannt, eine der häufigsten Erkrankungen gewesen ist.

„Ostarbeiter", die längerfristig so schwer erkrankt waren, dass sie für den Arbeitseinsatz nicht mehr gebraucht werden konnten oder die nach einem Unfall arbeitsunfähig waren, wurden in ihre Heimatländer zurückgeschickt. In aller Regel kehrten sie arbeitsunfähig, krank, verwahrlost und völlig entkräftet, viele mehr tot als lebendig in ihre Heimat zurück.

Die im Reich beschäftigten polnischen Arbeiter unterlagen allgemein der Invaliden-versicherung. Eine Ausnahme bestand lediglich noch für polnische landwirtschaftliche Arbeiter, die im Generalgouvernement beheimatet waren und keinen Befreiungsschein besaßen.

Die hiernach versicherungsfreien polnischen landwirtschaftlichen Arbeiter hatte der Betriebsführer binnen 3 Tagen der Landesversicherungsanstalt anzuzeigen. Er hatte für diese Arbeiter Zahlungen in Höhe des halben Invalidenversicherungsbeitrags an die Landesversicherungsanstalt zu leisten (§ 1233, Abs. 2 RVO).

Starb ein ausländischer Arbeiter in Deutschland, wurde er in der Regel auf einem Friedhof in einem Einzelgrab bestattet.

Arbeitslosenversicherung

Gewerbliche Arbeitskräfte unterlagen im gleichen Umfange der Beitragspflicht zur Arbeitslosenversicherung wie deutsche Arbeitskräfte. Die Beschäftigung in der Landwirtschaft war versicherungsfrei.

Exkurs: Fleckfieber

Die Erkrankung ist auch unter den Namen Flecktyphus, epidemisches Fleckfieber, klassisches Fleckfieber, Typhus exanthematicus und Brill-Zinser-Krankheit bekannt. Fleckfieber ist eine bakterielle **Infektionskrankheit** und wird vor allem durch **Kleiderläuse** übertragen wird. Sie tritt **epidemisch** auf, das heißt es kommt örtlich und zeitlich begrenzt zu einem gehäuften Vorkommen der Erkrankung. Schlechte hygienische Bedingungen begünstigen die Übertragung und den Ausbruch des Fleckfiebers. Dies schlägt sich in der umgangssprachlichen Bezeichnung Kriegs-, Hunger- und Läusetyphus nieder.

Verursacher des Fleckfiebers ist ein Bakterium mit dem Namen Rickettsia prowazekii. Rickettsien benötigen zum Überleben Wirtszellen - sie sind obligate intrazelluläre Parasiten. Die

Bakterien vermehren sich im Magen-Darmtrakt von Läusen, bevorzugt in **Kleiderläusen** und werden mit dem Läusekot ausgeschieden, in dem sie überlebensfähig sind. Durch Einatmen oder durch Kratzen der Haut gelangen sie in den menschlichen Körper. Eine Übertragung direkt von Mensch zu Mensch findet nicht statt. Die Erreger befallen bevorzugt die kleinen Blutgefäße in der Haut, dem Gehirn, den Nieren oder dem Herzmuskel. An der Infektionsstelle der Erreger tritt häufig **Juckreiz** und eine Blauschwarz-Färbung der Haut auf. Nach einer **Inkubationszeit** von 10 bis 14 Tagen kommt es plötzlich zu hohem **Fieber** mit **Kopf-** und Gliederschmerzen. Die Temperatur bleibt für 8 bis 14 Tage sehr hoch. Die Patienten fühlen sich schwer krank, haben ein aufgedunsenes rotes Gesicht und leiden unter Schüttelfrost und Muskelschmerzen. Ist das Gehirn mit betroffen (Enzephalitis), so treten Bewusstseinsstörungen, Taubheit und gelegentlich **Tinnitus** auf. Nach 4 bis 6 Tagen bildet sich ein feinfleckiger Hautausschlag Der gesamte Körper wird befallen, lediglich das Gesicht, die Fußsohlen und Handflächen bleiben frei. Komplikationen der Erkrankung sind die **Enzephalitis** oder ein Kreislaufversagen bei schwerer Schädigung des Herzmuskels. Bei 20 -50% der Erkrankten kann aufgrund dieser schwerwiegenden Komplikationen ohne entsprechende Behandlung der Tod eintreten. Überstehen die Erkrankten das Fleckfieber, so besteht eine lebenslange Immunität. Die Rickettsien überleben aber inaktiv im Knochenmark. 3 bis 40 Jahre nach der Erstinfektion können diese persistierenden Keime aktiviert werden und es kommt zu einem Rückfall.

Im Vordergrund steht die Bekämpfung der Kleiderläuse und damit eine Verbesserung der hygienischen Verhältnisse.

Das Russenlager in Kellinghusen

1942 wurde das sogenannte Russenlager in Kellinghusen eingerichtet. Dazu wurde von der Ortsbauernschaft Kellinghusen, vertreten durch den Orts- und Bezirksbauernführer Heinrich Mohr, ein ehemaliger Schweinestall des Bauern Gosau in der Overndorfer Straße gepachtet. Da der Schweinestall über keinerlei Heizung verfügte, wurde ein kleiner Kanonenofen installiert.

Für das Wachtkommando wurde eine kleine Wohnung in der Bauernstelle angemietet.

Pachtvertrag

Zwischen den Endesunterzeichneten, dem Bauern August Gosau, Kellinghusen, und der Ortsbauernschaft Kellinghusen, vertreten durch den Orts- und Bezirksbauernführer Mohr, Kellinghusen, ist heute folgender Pachtvertrag abgeschlossen worden:

§ 1

Der Bauer August Gosau verpachtet seinen Schweinestall incl. Appellplatz an die Ortsbauernschaft Kellinghusen für monatlich RM 20,00 (in Worten: Reichsmark zwanzig): Die Wasserentnahme darf aus dem vorhandenen Leitungsanschluss im Kuhstall erfolgen.

§ 2

Für die Unterbringung des Wachtkommandos überlässt Herr Gosau die kleine Wohnung bestehend aus Wohnstube und Küche für monatlich RM 15,00 (in Worten: Reichsmark fünfzehn) der Ortsbauernschaft. An Möbeln stellt der Verpächter ein Sofa, vier Stühle und einen Tisch zur Verfügung.

§ 3

Die Pacht beginnt mit dem Eintreffen der russischen Gefangenen und endet nach Abgang derselben. Kündigung ist von beiden Seiten ausgeschlossen.

§ 4

Der Pachtpreis wird monatlich durch die Sparkasse Kellinghusen nachträglich überwiesen.

§ 5

Herr Gosau gestattet allen Personen, Zivil und Militär, die mit der Wachtmannschaft zu tun haben, den Zutritt zu seinem Grundstück.

Kellinghusen, 1942

Der Verpächter   Der Pächter

Aug. Gosau   Ortsbauernschaft Kellinghusen - Mohr

Zwangsarbeiter in Kellinghusen und Umgebung

In der Stadt Kellinghusen gab es mehrere Lager. Im Oktober 1944 waren in Kellinghusen und Umgebung 114 wohnhafte Ausländer gemeldet, die als Zwangsarbeiter beschäftigt waren.

Es waren:

29 Polen

1 Engländer

7 Ukrainer

41 Franzosen

1 Däne

7 Italiener

3 Weißrussen

3 Kroaten

1 Serbe

16 Sowjetrussen

5 Niederländer

In Kellinghusen wurden die Lager nach Nationalitäten getrennt:

Die französischen Gefangenen waren zuerst im Patentkrug, später Cafe Mohr, Haupstraße 5, und danach auf dem ehemaligen Storjohannschen Gelände in der Hauptstraße, jetzt Katharinenhof, untergebracht. Hier war eine Wachstube eingerichtet worden, die mit zwei Wachleuten besetzt war.

Die italienischen Gefangenen waren in der ehemaligen Gaststätte Näther in der Hauptstraße interniert. Ab 1944 waren sie zusammen mit den Franzosen auf dem Storjohannschen Gelände untergebracht.

Das Lager der sowjetrussischen Gefangenen befand sich in der Overndorfer Straße in einem ehemaligen Schweinestall (früher Gosau, jetzt Kliewe), davor im Kaisersaal in der Lindenstraße.

Das Lager der Serben Nr. 1419 befand sich in den Werkstattgebäuden der ehemaligen Ziegelei Voss, Rensing.

Die Unterbringungsqualität wechselte entsprechend der Belegstärke. Vor allem Ostarbeiter wohnten unter menschenunwürdigen Verhältnissen. Die Firma Singelmann hatte zum Beispiel im Mai 1944 sieben Ostarbeiter im Obdachlosen –Asyl der Stadt Kellinghusen unter Umständen untergebracht, dass sogar Bürgermeister Claus Burmester sich veranlasst sah, zu intervenieren. Er schrieb am 4. April 1944 an die Firma Singelmann:

(...)

Außerdem haben sich folgende Schwierigkeiten ergeben:

1. Die Ostarbeiter sind verlaust.
2. Es erfolgt keine Lüftung in den Räumen
3. Die Unterbringungsräume haben sich als viel zu klein erwiesen, sodass es vor Gestank nicht auszuhalten ist.

Ich muss Sie daher bitten, die Quartiere sofort räumen zu lassen.

Der Bürgermeister [48]

Die Lager wurden bewacht. Außerdem wurden die Zwangsarbeiter auch auf dem Weg zur Arbeit und zurück ins Lager von Wachleuten begleitet. Zuständig für die Bewachung war das Landesschützen-Bataillon 682. Es wurde am 11. Juni 1940 in Rendsburg, im Wehrkreis X, zu 6 Kompanien für die Kriegsgefangenenbewachung aufgestellt. Das Bataillon wurde ab der Aufstellung in Kellinghusen, ebenfalls Wehrkreis X, eingesetzt und war dem Kommandeur der Kriegsgefangenen X unterstellt. Zusätzlich überwachte die örtliche Polizei durch tägliche Kontrollgänge die Lager.

Verantwortlich für die Zuteilung der Zwangsarbeiter und Kriegsgefangenen und für die Einrichtung und die Verwaltung der Lager in Kellinghusen und Umgebung war unter anderem der Orts- und Bezirksbauernführer Heinrich Mohr.

Ein Teil der Zwangsarbeiter wurde in der Landwirtschaft eingesetzt, wo sie meist auch untergebracht und versorgt wurden, z. B. auf Gut

---

48 Archiv der Stadt Kellinghusen, Schreiben des Bürgermeisters vom 4. April 1944

Luisenberg. Kriegsgefangene arbeiteten in der Regel in Betrieben, z. B. in der Färberei Junge oder in der Stielfabrik Singelmann.

Marsch der SA

Im Privatbesitz Walter Vietzen

Am 15. Mai 1945 lässt der damalige Bürgermeister Richard Wilken, seit 1931 Mitglied der NSDAP und seit dem 24.4. 1944 als Bürgermeister im Amt, den folgenden Bericht über die Lager der Zwangsarbeiter in Kellinghusen erstellen:

Bericht

über die Lager der ausländischen Arbeiter

(Zivilarbeiter und Kriegsgefangene)

1. Kriegsgefangenen-Arbeitskommando 1368, Overndorferstr. 14
   Belegung: 47 kriegsgefangene Russen
   Unterbringung in einem Stallgebäude, je 2 Betten übereinander. Unterkunft einigermaßen sauber. Verpflegung angeblich zu wenig, sonst keine Beschwerden, Rauchwaren keine.
   Lagerältester: Iwan Tschebanenko

2. Arbeitskommando Gut Luisenberg

   Belegung: 14 kriegsgefangene Russen, 2 Zivilrussinnen, 6 Zivilpolen, 7 Frauen und 2 Kinder, 6 kriegsgefangene Italiener, 1 Franzose

   Unterbringung: je 6 Russen in 2 Räumen und 2 in einem besonderen Raum. Für 6 Russen keine Betten, da nicht zum Arbeitskommando Luisenberg gehörig, sondern erst in letzter Zeit von der hiesigen Ortskommandantur zugewiesen. 2 Zivilrussinnen einzeln untergebracht.

   Zivilpolen und – polinnen in einem besonderen Haus untergebracht. 6 Italiener je 4 und 2 Mann in einem Raum untergebracht. 1 Franzose einzeln untergebracht.

   Unterkunft den Verhältnissen entsprechend

   Verpflegung: Russen erhalten Verpflegung, welche auf dem Gut Luisenberg gekocht wird. Polen sind Selbstversorger, verpflegen sich selbst. Italiener sind Selbstversorger, gekocht wird vom Verwalter.

   Klagen: keine

   Lagerältester: Nicolai Swinginzew

3. <u>Schwarz & Co, Friedrichstraße 7 (Lindenhof)</u>

Belegung: 8 Italiener

Unterbringung: in einem Raum von ca. 40 qm

Verpflegung: 7 Mann bei der Firma Schwarz & Co, 1 Mann im Hotel „ Stadt Hamburg "

Lagerältester: Secci

4. <u>Patentkrug , Hauptstraße 5</u>

Belegung: 5 Polinnen, 2 Polen, 7 Italiener, 2 Franzosen

Unterkunft: 5 Polinnen in einem Raum mit 2 Betten, je 2 Polinnen benutzen 1 Bett, eine schläft auf einer Bank. Der Raum ist sauber, aber angeblich verwanzt.

1 Pole hat auf Wunsch ein eigenes Zimmer bekommen, der andere schläft im Saal. 4 Italiener in einem Verschlag ohne

natürliches Licht, Raum muss mit Fenster versehen werden. 2 Italiener ein eigenes Zimmer, 1 Italiener in einem kleinen Raum neben der Bühne. 2 Franzosen in einem Zimmer gesondert untergebracht.

Verpflegung: 5 Polinnen beziehen Lebensmittelkarten und kochen selbst. Die 2 Polen erhalten Lebensmittelkarten. 4 Italiener essen bei der Firma Hump ert (Arbeitgeber). 3 Italiener auf Karten in der Volksküche. 2 Franzosen essen bei ihren Arbeitgebern.

Beschwerden: Zuteilung angeblich noch zu gering.

5.Singelmann & Co, Am Bahnhof

Belegung: 7 Männer, 6 Frauen, 6 Kinder – alles Letten

9 Zivilostarbeiter

Unterbringung: in 2 verschiedenen Unterkünften

Verpflegung: Die Männer erhalten Ausländerkarten von der Firma, die Frauen und Kinder Karten vom Wirtschaftsamt. Gekocht wird selbst.

Klagen: Kartoffeln und Gemüse fehlen angeblich, 1 Raum ist etwas zu klein, angeblich feucht und verwanzt.

Lagerältester: Karl Zilinski

5. Singelmann & Co, Lindenstraße 58

Kein Lager: 6 Ostarbeiter wohnen in einem geschlossenen Lastkraftwagen.

Unterkunft: jetzt ausreichend

Verpflegung: Selbstverpfleger, Mangel an Kartoffeln, Gemüse, Grütze und Salz

6.   Brauerstraße 1

Kein Lager

Belegung mit 2 Ostarbeitern, 2 Franzosen, 2 Ukrainern

Unterbringung: ein Raum etwas beengt, sonst sauber und gut

Verpflegung: Ostarbeiter kochen selbst. Ukrainer und Franzosen essen bei ihren Arbeitgebern

7. Ziegelei Rensing, Lager der Firma Singelmann & Co

Belegung mit etwa 20 Serben (Kriegsgefangene)

Unterbringung in einem geschlossenen Raum.

Unterkunft: gut und sauber, besondere Küche, Essraum ist vorhanden, auch Kleiderraum

Verpflegung erfolgt durch die Firma Singelmann & Co, seit einigen Tagen ausreichend.

8. Stumpfe Ecke, Birkenallee 5 / Gaststätte (kein Lager)

Belegung: 2 Ukrainer, 1 Zivilpole

Unterbringung: 2 Ukrainer haben ein Zimmer , Pole ebenfalls. Unterkunft ist gut.

Verpflegung: Ukrainer bei ihrem Arbeitgeber, Pole ist Selbstverpfleger

Anmerkung: Singelmann & Co

Am Bahnhof: Sägewerk

Herstellung von Eisenbahnschwellen, überwiegend aus Buchen, für die damalige Reichsbahn

Lindenstraße 58:

Herstellung von Stielen, besonders für Handgranaten

Ziegelei Rensing:

Nur Unterkunft in Werkstatträumen

Neben den oben angegeben Lagern waren viele Zwangsarbeiter in den landwirtschaftlichen Betrieben in und um Kellinghusen beschäftigt und erhielten dort Unterkunft und Verpflegung. [49]

Am 19. Mai 1945 fand eine erneute Überprüfung der Unterkunft der Russen in der Overndorfer Straße 14 statt. Dabei wurden von den anwesenden Lagerältesten die folgenden Wünsche vorgetragen:

1. Die Unterkunft wird nicht für ausreichend gehalten.

2. Die untergebrachten Ausländer bitten um Veranlassung, dass ihre Guthaben zur Auszahlung kommen.

3. Bei Adolf Peperkorn- Lindenstraße, August Schröder-Lindenstraße, „Kaisersaal" -Lindenstraße und Elise Storjohann-Hauptstraße ist das Essen nicht ausreichend.

---

49 Archiv der Stadt Kellinghusen, Abschrift des Berichts über die Lager der ausländischen Arbeiter, Kellinghusen im März 1995

4. Brennholz ist nicht genügend vorhanden.

Zwecks Abstellung der Mängel wurde sofort folgendes veranlasst:

1. Das Stroh in den Strohsäcken wird erneuert.

2. Der Raum wird gesäubert und ausgekalkt.

3. Die vorhandene Stacheldrahteinfriedigung wird entfernt. Die Pfähle bleiben als Brennholz für die Unterkunft.

4. In sieben Betten werden die Bretter neu eingelegt.

5. 2 Eimer, Besen und Reinigungsmaterial wird umgehend beschafft.

6. Bezüglich des Essens wurde mit den infragekommenden Kostgebern verhandelt und diese darauf hingewiesen, dass den Russen neuerdings größere Rationen zustehen. Von den Kostgebern wurde hierbei erklärt, dass die Russen ausreichend verpflegt werden und oft die ihnen zur Verfügung gestellten Portionen nicht aufessen.

7. Wegen Auszahlung der Guthaben müsste evtl. mit der Alliierten Militärregierung verhandelt werden.

gez. Habermalz [50]

---

50 Stadtarchiv Kellinghusen, Bericht an den Bürgermeister vom 21. Mai 1945

Briefe ehemaliger Zwangsarbeiter

Die Unterschiede in der Qualität der Behandlung von Zwangsarbeitern in Kellinghusen und Umgebung reichten von sehr guten Beziehungen zu den Arbeitgebern bis hin zu Verhältnissen, die denen in einem Konzentrationslager vergleichbar waren.

Franciszek Piechulski aus Goleza / Polen berichtet als ehemaliger Zwangsarbeiter :

1941 im Monat Februar bekam ich eine sogenannte Arbeitskarte mit der Aufforderung zur Zwangsarbeit in Deutschland. Ich meldete mich aber nicht, und so wurde ich von der „ dunkelblauen Polizei " verhaftet. Ich wurde nach Krakau gebracht, wo sich der Sammelpunkt befand. (...) Sie brachten mich nach Deutschland , nach Itzehoe, von dort aus wurde ich zu einem Bauern, welcher gekommen war, um mich abzuholen, in die Ortschaft Wrist bei Kellinghusen mitgenommen.

In Wrist bei Kellinghusen beim Bauern arbeitete man den ganzen Tag im Stall und auf dem Feld. Um 4.30 Uhr ging der Tag schon los. Er fing mit dem Melken der Kühe an, es gab nämlich 35 Kühe zu melken und 40 Stück blieben dann noch übrig, d. h. Kälber, weibliche Jungtiere, Bullen, insgesamt war es eine Herde von 75 und dazu kamen noch 4 Pferde. Das Ackerland bestand aus 11 Hektar Wiese und 40 Hektar Weide.

Strafen gab es sehr oft, denn das Hinausgehen nach der Polizeistunde stand unter Strafe, den Buchstaben „ P ", welcher uns als Polen auswies, nicht zu tragen, ebenfalls. Eine der Strafen war, dass man sich einige Zeit lang nicht mit Bekannten treffen durfte. Die Franzosen, denen z. B. erlaubt war in Kneipen zu gehen, wurden von den Deutschen viel besser behandelt als wir Polen, uns Polen war verboten, uns dort aufzuhalten. Manche Deutschen spuckten auf den Boden, wenn sie an uns vorbeiliefen, und sagten dabei: „ Du polnisches Schwein! "

Bei meinem Bauern wurde ich gut behandelt. Mein Bauer war nämlich so etwas wie ein Gemeindevorsteher, weil er den Leuten die Lebensmittelration zuteilte und Passierscheine ausstellte. (…) Zunächst war ich im Stallgebäude neben den Schweinen untergebracht, aber dann kam eine Familie aus Gostyn in Polen, Eltern und zwei kleine Kinder, die dann da wohnten. Mir befahl man, mich in das Gebäude zu verlagern, in welchem die Herrschaften wohnten. Sie gaben mir dort ein Zimmer, welches anständig eingerichtet war (…), sodass ich über diesen Ort nichts zu klagen habe. Wie ich jedoch gesehen habe, als ich bei Bekannten zu Besuch war, hatten manche sehr schlechte unmenschliche Bedingungen. Die Arbeit ging von 4. 30 Uhr bis zum Abend, und wenn der Stall geputzt wurde, ging das bis zu einer sehr späten Stunde. (…) Sogar bei sehr schlechtem Wetter mussten wir Seile drehen oder andere Tätigkeiten auf dem Hof ausüben.

Die Verpflegung war bei meinem Bauern in Ordnung, genauso wie die Unterbringung bei meinem Bauern, da kann ich nicht klagen. Wir durften nur nicht in dem Zimmer essen, wo die Bauern aßen. Wir aßen in der Küche in einem anderen Raum. Aber andere Bekannte von mir hatten es hundert Mal schlechter, deren Verpflegung war absolut miserabel, nicht so nahrhaft wie meine. (…)

Jadwiga Juchno war 11 Jahre alt, als sie nach Deutschland verschleppt wurde:

Am 6. 8. 1943 wurden Jadwiga und ihre Familie aus dem Dorf Naliboki, Kreis Stolpe, vertrieben. Sie und ihre Familie, ihre Eltern und zwei Brüder, kamen dann am 20. 9. 1943 zu einem Bauern nach Stellau in Wrist, bei dem noch ein Pole, ein Russe, und ein Italiener waren. Das Verhältnis zum Bauern war unterschiedlich, man musste sehr aufmerksam sein, damit man nicht bestraft wurde. Wenn man eine seiner Aufgaben nicht ordentlich erledigte, wurde man bestraft. Jadwiga hat einmal eine Ohrfeige bekommen, weil es ihr zu schwer war, 30 kg Kartoffeln in einen Korb einzusammeln, seitdem leidet sie an einem Hörschaden. Sie und ihre Familie wohnten in einer kleinen, kalten Kammer mit einem kleinen eisernen Ofen. Die hygienischen Bedingungen waren sehr schlecht, genau wie die Versorgung mit Lebensmitteln und Medikamente hat man auch nicht bekommen, wenn man krank war.

Marianna Janeczek aus Polen wurde 1940 zur Zwangsarbeit nach Deutschland verschleppt. Nach mehreren guten Arbeitsstellen zog sie 1943 nach Quarnstedt zu einem Bauern:

Bei ihm waren die Lebensbedingungen sehr viel schlechter. Alles, was ich machte, fand er schlecht, er war nachtragend und bösartig. Ich musste im Sommer von 4 Uhr bis 18 Uhr arbeiten, mit zwei Stunden Pause, und im Winter von 5 Uhr bis 18 Uhr, ohne Pause. (…)

Das Essen bei dem Bauern war auch sehr schlecht und als ich mich bei der Arbeit am Finger verletzte und es der Bäuerin mitteilte, durfte ich meine Hand nur mit sogenannter jüdischer Seife waschen, was nicht half. Als der Finger schwarz wurde, durfte ich zum Arzt, doch es war zu spät und der Finger musste amputiert werden. (…)

Julianna Przybyla wurde am 17. 3. 1923 in Polen geboren. Am 10. April 1940 marschierten deutschen Truppen in ihr Dorf ein und zwangen den Gemeindevorstand, die Jugendlichen des Dorfes zu nennen. Einige Tage später wurden Julianna und die anderen Jugendlichen des Dorfes mit Waffengewalt aus den Häusern getrieben und sie wurden nach Czestochowa gebracht. Nach zwei furchtbaren Tagen wurden sie nach Deutschland verschleppt. Julianna wurde zu einem Bauern nach Quarnstedt gebracht.

Zwischen mir und der Bauersfrau herrschte ein gutes Verhältnis – sie hat mich fast wie ihr Kind behandelt. Der Bauer war sehr grob zu mir, doch seine Frau hat mich immer wieder beschützt. Er hat mich kein einziges Mal geschlagen und habe auch nie eine andere Strafe bekommen. Doch einmal wurde ich von der Polizei so heftig geschlagen, dass ich einen Zahn verlor.

Ich war in einem kleinen Zimmer mit Bett und Decke untergebracht. Es war dort sehr kalt und vor allem im Winter herrschte furchtbare Kälte im ganzen Haus.

Ich bekam dasselbe Essen wie die Bauern. Die Arbeit, die ich erledigen musste, ging von morgens um 5 Uhr bis 13 Uhr und dann noch mal von 14 Uhr bis 20 Uhr abends. Ich musste die Kühe melken, auf dem Land und im Haus helfen.

Während der gesamten Zeit in Quarnstedt hatte ich keinen Kontakt zu meiner Familie in Polen, nur zu anderen Zwangsarbeitern in Quarnstedt. (...)

Janina Wojciechowska wurde 1943 bei einer Razzia festgenommen und nach Czestochowa verschleppt, wo sie vier Tage auf den Transport nach Deutschland warten musste.

Wir wurden von Soldaten mit Gewehren immer in Gruppen von vier Personen zu den Waggons gebracht. Wir wurden sehr schlecht behandelt.Man fuhr uns irgendwohin – ich weiß nicht wohin genau. Von diesem Platz holte uns der Bauer ab auf seinen Bauernhof. Dort wurde uns sofort befohlen zu arbeiten. Dort blieb ich bis ungefähr Juli 1945.

Ich hatte Briefkontakt zur Familie in Polen. Mit den anderen Zwangsarbeitern im Dorf konnte man sich nur nach der Arbeit zwischen 20 und 21 Uhr unterhalten, wenn die gesamte Arbeit des Tages ausgeführt worden war. Ich war auf einem großen Bauernhof, wir wurden genauso behandelt wie die Männer und zu schweren Arbeiten herangezogen. Wir mussten zum Beispiel Holz hacken, Kornsäcke tragen, Stall ausmisten, Kühe melken, bei der Ernte helfen, Holz aus dem Wald holen, die Hofgebäude mit den Tieren putzen und vieles andere. Wenn wir Fehler machten, wurde sehr großer Zorn bekundet, wir mussten dann länger arbeiten, mussten früher aufstehen und wurden zur Arbeit angetrieben. (...)

Im ersten Jahr war es sehr schlecht, später ein bisschen besser, weil ich Deutsch gelernt hatte und mich schon verständigen konnte. Einmal wollte mich der Bauer Hans Ratjen verprügeln, weil ich sehr krank war und nicht arbeiten konnte.

Wir wohnten in Kammern zwischen Pferdestall und Kuhstall, in welchen nur ein Bett und ein Tischchen war. Die Kammer war nicht beheizt und düster. Die sanitären Anlagen, das waren ein Wasserhahn im Kuhstall und ein Eimer. Im Eimer konnte man sich warmes Wasser aus der Küche holen, zum Waschen.

Im Sommer musste ich von 5 Uhr morgens bis 20 Uhr abends arbeiten, im Winter von 6 Uhr bis 19 Uhr. Aber manchmal hat uns der Bauer auch früher geweckt und wir mussten länger arbeiten. Das war, wenn der Bauer böse auf uns war.

Zu den Mahlzeiten gab es Graupen mit Milch, Kartoffeln, Soße, manchmal eine Scheibe Speck. Medikamente gab es keine. (...)

Zofia Kaczmarek

Zofia und ihre beiden Brüder wurden 1942 nach Deutschland zwangsverschleppt.

Ich kam mit meinen beiden Brüdern zu einem Bauern, der uns weder geschlagen noch anders bestraft hat. Wir mussten den Anweisungen des Bauern gehorchen, er kontrollierte auch, ob wir die Arbeit vernünftig erledigt hatten. Wir brauchten eine Erlaubnis zum Verlassen des Hofes. Wir schliefen in einem abgetrennten kleinen Zimmer mit Betten. In der sogenannten Sommerküche, in der auch das Geschirr abgespült wurde, konnten wir uns mit kaltem Wasser waschen.

Das Essen, was wir bekamen, war schlecht. Es bestand aus dunklem Brot, gekochten Kartoffeln, angebrannter Soße und einem kleinen Stückchen Fleisch.

Die Arbeit fing um 5 Uhr morgens an und endete um 19 Uhr, eine Stunde Pause. Zu meinen Aufgaben gehörte das Kochen, Putzen, Waschen, Einkaufen, Melken und alles, was sonst noch so anfiel.

Durch die viele Arbeit verschlimmerte sich mein Rheumatismus und mein Bluthochdruck. Meine Nieren entzündeten sich, sodass ich ins Krankenhaus musste. Diese Krankheiten plagen mich noch heute.

(…)

Erntedankfest 1934

Orts- und Bezirksbauernführer Heinrich Mohr überreicht den Erntekranz

(Privatbesitz Mohr)

Sämtliche Russen, Weißruthener und Ukrainer mussten sich am Morgen des 6. Juni 1945 um 10. 45 Uhr auf dem Kellinghusener Marktplatz sammeln und wurden abtransportiert.

Liste der Zwangsarbeiter (ausländischen Arbeitskräfte) in Kellinghusen – Oktober 1944

Polen

Zu- und Vorname Wohnung	Geb.Tag	Geb.Ort
1. Majchrowski Anton Gut Luisenberg	11. 5. 85	Strezeloe
2. Majchrowski Edward Gut Luisenberg	4. 10. 28	Ludwikow
3. Majchrowski Marian Gut Luisenberg	23. 2. 26	Klecew
4. Majchrowski Maria Gut Luisenberg	2. 2. 95	Kascmis
5. Patynowski Viktor Gut Luisenberg	25.11.18	Przylogi
6. Zbruk Stanislaw Gut Luisenberg	22. 5. 14	Przylogi
7. Zbruk Stanisflawa Gut Luisenberg	7. 1. 38	Przylogi
8. Zbruk Genowefa Gut Luisenberg	6. 7. 12	Przylogi
9. Zbruk Maria Gut Luisenberg	7. 12. 20	Przylogi
10. Dudek Zofia Gut Luisenberg	7. 2. 22	Przylogi

11. Krakowiak Leckadja Gut Luisenberg	20. 10. 19	Przylogi
12. Kusiak Aniela Gut Luisenberg	6. 12. 06	Przylogi
13. Zbruk Marian Gut Luisenberg	7. 3. 24	Przylogi
14. Stachera Dorota Gut Luisenberg	13. 1. 90	Przylogi
15. Dembczeski Edmund Hauptstraße 5	25. 10. 20	Leslau

Polen

Zu- und Vorname Wohnung	Geb.Tag	Geb.Ort
16.Macziaszek Jan Am Bahnhof	24. 12. 05	Osiesza
17.Skiermont Piotr Hauptstraße 5	29. 10. 19	Litzmannstadt
18.Witon Hedwig Gartenstraße 5	1. 5. 26	Nastaw
19. Pawloszek Stanislaw Grönhude/ Dr. Rabe	22. 1. 21	Hawlow
20.Zateczny Stanislaw Overndorfer Str. 37	13. 10. 19	Johanneshof

21.Grzegorczak Francizek Schulberg 6	10. 3. 15	Dilltal
22.Kowalczyk Stanislaw Schulberg 6	2. 8. 19	Mnin
23.Burny Stanislaw Hauptstraße 5	5. 3. 26	Ruda Tarnawok
24.Pawlikowska Josefa Hauptstraße 5	7. 3. 36	Litzmannstadt
25.Stepien Eugenia Hauptstraße 5	24. 9. 24	Litzmannstadt
26.Zayczek Olga Hauptstraße 5	9. 5. 25	Litzmannstadt
27.Bolczisz Halina Hauptstraße 5	3. 8. 24	Litzmannstadt
28.Wronski Edward Vorbrüggerstraße 9	27. 6.13	Stawowice
29.Wilozopolski Sergius Schulstraße 6	11.11.16	Scheczgejew

Ukrainer

Zu- und Vorname Wohnung	Geb.Tag	Geb.Ort
30.Buczyk Josef Friedrichstraße 4	30. 6. 15	Steccoa
31.Wyslynskyj Osyp Marienstraße 13	13. 8. 16	Hawarxschczin

32.Gulij Wolodymyr Brauerstraße 1	22. 2. 16	Berezyna
33.Horoxßok Wasyl Neue Straße 15	7. 11. 17	Chrostkuv
34.Martynyszye Mychaylo Vorbrüggerstraße 11	23. 2. 16	Krukiv
35.Harlinsky Ignaz Birkenallee 3	13. 2. 12	Poginky
36.Kuzim Paulus Friedrichstraße 15	27. 1. 84	Staikowa
37.Grabaß Ostap Am Bahnhof	9. 10. 13	Bajkowzc
38.Hrabowskyj Mykola Am Bahnhof	15. 3. 16	Jalyzhowylschi
39.Klym Wolodymir Friedrichstraße 17	17. 3. 13	Kopytschynci
40.Mlynczuk Theodor	21. 5. 05	Scharynwycze
41.Skotnyckyj Mychajlo Am Bahnhof	5. 4. 17	Tschabariwka

Ukrainer

Zu- und Vorname Wohnung	Geb.Tag	Geb.Ort
42.Wymar Jan Am Bahnhof	1. 3. 17	Czerzyk
43.Dorofejew Nikolei Quarnstedter Str. 90	8. 7. 10	St. Poltawa

44.Perebscia Maria   18. 11. 16   Tarnopol
Neue Straße bei Böge

Weißruthenen

Zu- und Vorname	Geb.Tag	Geb.Ort
Wohnung		

45.Helmantschuk Miklaj   21. 10. 15   Bareslany
Brauerstraße 1

46.Klymczuk Wladimir   12. 6. 14   Symonwicze
Marienstraße 13

47.Owsianik Stefan   9. 6. 12   Symonwicze
Hermannstraße 31

48.Maluszko Nikolai   12. 12. 13   Wierschusszie
Mühlenbekerstraße 9

49.Bulyka Adam   16. 9. 05   Choroszevice
Am Bahnhof

Kroatien

Zu- und Vorname	Geb.Tag	Geb.Ort
Wohnung		

50.Acimivin Trico   3. 12. 20   Zabloci
Friedrichstraße 17

51.Misic Branko   Rekavica
Birkenallee 3

52.Pejakovic Mirko   12. 10. 23   Banja Luka
Birkenallee 3

Litauen

Zu- und Vorname Wohnung	Geb.Tag	Geb.Ort
53.Pucius Kazys Friedrichstraße 2	14. 12. 04	Sakalai

Serbien

Zu- und Vorname Wohnung	Geb.Tag	Geb.Ort
54.Putnic Radomir Friedrichstraße 19	22. 3. 19	Maisch Ungarn

Sowjet-Russland

Zu- und Vorname Wohnung	Geb.Tag	Geb.Ort
55.Jurtschenko Wassily Vorbrüggerstraße 11	27. 9. 23	Dnjeprpetrowsk
56.Jurtschenko Stepanida Vorbrüggerstraße 11	6. 12. 25	Dnjeprpetrowsk
57.Bojka Annastasia Schulstraße 37	22	Kasatscha
58.Juschkewitsch Brannislawa Feldhusener Straße 29	12	Rubiers
59.Rabowa Valentina Hermannstraße 39	2. 12. 26	Tryziak

60.Sapegina Annastasia Lindenstraße 42	3. 3. 22	Ledino
61.Telpuk Jelisaneta Grönhude	24. 1. 25	Borowzy
62.Geds Iwan Gartenstraße 5	23. 4. 17	Grasnopilka
63.Geds Anna Gartenstraße 5	28. 2. 20	Grasnopilka
64.Mwerschina Maria Lindenstraße 37	6. 12. 24	Saporoshje
65.Wlossowitsch Iwan Hauptstraße 4	19. 2. 26	N. Olexijiwka
66.Nikolay Michael Vorbrüggerstraße 11	20. 8. 24	Kaluga
67.Jurtschenko Wasel Vorbrüggerstraße 11	1. 6. 43	Itzehoe
68.Schemina Katherina 26 bei Hein	1. 1. 20	Hauptstraße
69.Sazuta Nikolaus Feldhusen bei Johannsen	11. 7. 11	Gniewtschytze
70.Sazuta Jaryna Feldhusen bei Johannsen	15	Gniewtschytze
71.Sazuta Pola Feldhusen bei Johannsen	36	Gniewtschytze
72.Petschepynez Anna Hauptstraße 55	18. 12. 24	Andrijifka
73.Mazko Iwan	25. 5. 09	Mazai

Hauptstraße 46 bei Näther

74. Polijonovo Iwan 46 bei Näther	28. 10. 91	Relca	Hauptstraße
75. Malko Iwan Hauptstraße 46 bei Näther	12. 4. 12		Dolschcasje

Sowjet-Russland

Zu- und Vorname Wohnung	Geb.Tag	Geb.Ort
76. Charkllow Alexej Hauptstraße 46	17. 4. 90	Ilke
77. Chacklow Wladimir Hauptstraße 46	2. 6. 30	Jerrussowaljy
78. Sofanski Makwesch Hauptstraße 46	6. 8. 05	Bolsche
79. Kotjanow Hcorgig Hauptstraße 46	23. 11. 87	Djakown

Niederlande

Zu- und Vorname Wohnung	Geb.Tag	Geb.Ort
80. van der Bos Petrus Lindenstraße 22	18. 12. 14	Rotterdam
81. Nieuwenhuis Klaas Overndorfer Straße 18	27. 12. 83	Harderwyk

82.van Oorschut Dammus Schulstraße 18	7. 2. 11	Barendrecht
83.Rakers Leonhard Lindenstraße 28	26. 11. 09	Zwolle
84.Rakers Hermann Lindenstraße 28	13. 3. 34	Zwolle
85.Rakers Peter Lindenstraße 28	21. 8. 42	Zwolle
86.Rakers Emilie Lindenstraße 28	26. 11. 10	Overhausen
87.Peter Franziskus Lehmbergstraße 25	15. 3. 89	Nijmegen
88.Adriaensen Johannes Gerberstraße 7	5. 4. 23	Rysbergen
89.Rampart Laurentius Gerberstraße 7	10. 10. 23	Halsteren

Engländer

Zu- und Vorname Wohnung	Geb.Tag	Geb.Ort
90.Wilkinson Irma Lindenstraße 20	26. 11. 10	Kellinghusen
91.Wilkinson Bärbel Lindenstraße 20	17. 4. 40	Kellinghusen

Frankreich

Zu- und Vorname Wohnung	Geb.Tag	Geb.Ort
92.Boinot Joseph Grönhude bei Kähler	7. 7. 11	Tessonnieres
93.Diruit Leon Feldhusener Straße 9	12. 10. 08	Berles au Bois
94.Anjolras Andre Gartenstraße 5 bei Sievers	1. 3. 14	Salettes
95.Gerard Vital Hermannstraße 29 bei Luft	7. 2. 20	Levare
96.Figon, Jean Lehmbergstraße 34	3. 3. 09	St. Jean de Nay
97.Fourcade Pierre Friedrichstraße 41	9. 5. 12	Fleurance
98.Lagardere Henry Schützenstraße 13 bei Fölster	6. 8. 17	Dax
99.Laine Julien Lindenstraße bei Behnke	9. 1. 09	Louvelot
100.Masson Pierre Feldhusen bei Johannsen	3. 11. 07	St. Marc
101.Roche Henri Lindenstraße 42	16. 3. 13	Presailles
102.Roboam Felix Grönhude bei Rabe	17. 12. 05	Lhoumois

103.Sechaud Gaston Krim bei Grelck	19. 7. 11	Douvaine
104.Terade Jean Lehmbergstraße 24	1. 9. 09	Gauriac
105.Vivier des Callons Yvan Overndorfer Straße 37	5. 12. 13	San Jose

Italiener

Zu- und Vorname Wohnung	Geb.Tag	Geb.Ort
106.Galluzo Cosimo Friedrichstraße 7	8. 1. 14	Siderno Marina
C. E. Schwarz & Co		
107.Bonaccorso Gregorio dito	16. 3. 22	San Gregoria
108.Bampi Livio dito	10. 7. 21	Trento
109.Micheletti Felice dito	21. 4. 06	Montefiascone

Italiener

Zu- und Vorname Wohnung	Geb.Tag	Geb.Ort
110.Pisani Pietrangelo dito	17. 12. 16	Montauro
111.Plaia Francesco dito	15. 11. 23	Castellamare
112.Secci Guiseppe dito	1. 10. 23	Trapani

Sonderaktion für Zwangsarbeiter vom 29. 9. 1942

Heranführung der von den Ostarbeitern zurückgelassenen Wäsche, Kleider und Schuhe

Ihr Lieben!

Auch in Deutschland beginnt jetzt der Winter, und wie ihr wißt, habe ich ja damals keine Wintersachen mitgenommen. Ich habe jetzt die Möglichkeit, im Rahmen einer einmaligen Erlaubnis der deutschen Behörden mir Pakete mit allen daheim zurückgelassenen Kleidungsstücken und Schuhen kostenlos von Euch hierher nachsenden zu lassen. Die Dienststellen der deutschen Zivilverwaltung bei euch zu Hause sind genau darüber unterrichtet, daß diese Pakete jetzt geschickt werden dürfen. Sie werden Euch noch durch einen besonderen Aufruf öffentlich bekanntgeben, wann und wo die Kleidungsstücke zur Beförderung nach Deutschland abgegeben werden.

Ich will natürlich diese Gelegenheit nicht ungenützt vorübergehen lassen, weil ich ja sonst nur meine Sommerkleidung habe. Ich bitte euch daher herzlich, mit möglichst schnell meine Winterkleidung und –schuhe zu schicken, da es doch eine einmalige Gelegenheit ist, die nicht wiederkommt. Ich habe auf der Rückseite angestrichen, was ich brauche.

Nun müßt ihr aber auf folgendes aufpassen: Die Kleidungsstücke und Schuhe, die ihr mir schicken wollt, müssen sauber gemacht sein und in einem guthaltbaren Sack oder einem anderen Stoffbeutel bei derjenigen Sammelstelle abgegeben werden, die bei Euch zu Hause extra bekanntgegeben wird. Der Sack muss offen sein, damit er kontrolliert werden kann, und wird dann vor seiner Absendung bei der Sammelstelle dort zugemacht. Es ist aber nicht erlaubt, die Sachen in Papier, Kartons, Kisten oder andere Behälter einzupacken, weil der Transport eine Weile dauert und diese Verpackung dann nicht halten wird.

Ihr dürft auch nichts anderes als die auf dem Zettel von mir angestrichenen Kleidungsstücke schicken – also keine Briefe, keine Drucksachen, keine Lebensmittel oder Gebrauchsgegenstände, vor allen Dingen auch nichts, was leicht brennen kann, wie Streichhölzer, Kämme oder ähnliches. Weil dadurch die Transporte gefährdet werden, würden die deutschen Behörden Zuwiderhandlungen dagegen schwer bestrafen.

Ich lege noch zwei Anhänger bei, auf denen meine Anschrift bereits vorgedruckt ist. Bitte legt den einen Anhänger in den Sack oben hinein und befestigt den anderen so haltbar wie möglich außen dran.

Auf der Sammelstelle müßt ihr, wenn ihr den Kleidersack abgebt, diesen Brief vorzeigen. Ihr erhaltet dann den Wert der Kleidungsstücke bis zur Höhe von 250 Rubeln in bar ausgezahlt. Uns wird nämlich eine „Bekleidungsbeihilfe" gewährt, die ihr in dieser Form ausgezahlt bekommt. Die Sachen gehören natürlich nach wie vor mir und werden gut bei mir ankommen und in meinem Besitz bleiben. Die deutschen Behörden übernehmen lediglich die Kosten für den Transport der Stücke von Eurer Sammelstelle bis hierher.

Ich bitte Euch sehr, dem Aufruf der deutschen Behörden sogleich nachzukommen und nicht damit zu warten, mir die Kleider und Schuhe zu schicken. Gebt auch den anderen darüber Bescheid, daß es nun eilig ist, weil der Winter bald kommt.

Damit es schneller geht, haben uns die deutschen Behörden geholfen und uns diesen Brief gleich vorgedruckt. Ihr kennt ja meine Unterschrift, und meine Adresse habe ich auch gleich angegeben.

Ich grüße Euch herzlich. Grüßt auch alle Freunde von mir.

Meine Adresse, wohin Ihr die Sachen schicken müßt:

Männerkleidung		Frauenkleidung
Mütze Umschlagtücher	Schal, Handschuhe	Kopftuch
Joppe Wintermantel	Hausschuhe	Jacke
Weste Hausschuhe	Arbeitsschuhe	Blusen
Unterziehjacke Arbeitsschuhe	Straßenschuhe	Kleider

Hose	Filzschuhe	Unterziehjacke
Straßenschuhe		
Wintermantel	Überschuhe	Schlüpfer
Überschuhe		
Unterhemden	Socken, Strümpfe	Unterkleider
Socken, Strümpfe		
Unterhosen	Decke	Halstücher, Schals
Decke		

Lagerordnung für Ostarbeiter

(Aushang im sogenannten Russenlager/Kellinghusen)

Ostarbeiter! Du findest in Deutschland Lohn und Brot und sicherst mit deiner Arbeit auch die Versorgung Deiner Familie in der Heimat. Du erwartest in Deutschland eine anständige Behandlung. Diese wird dir zuteil, wenn du dich ordentlich und anständig verhältst, Deine Arbeit pünktlich und zuverlässig verrichtest und den Anordnungen und Maßnahmen der deutschen Behörden, Deines neuen Betriebsführers und seiner Beauftragten pflichtgetreu nachkommst. Das Zusammenwohnen vieler Menschen in einem Lager macht eine strenge Disziplin notwendig. Darum ist für dich erste Pflicht die Beachtung folgender

Lagerordnung:

1. Die Leitung des Lagers liegt in den Händen des deutschen Lagerführers. Zur Durchführung seiner Aufgaben bedient er sich des Lagerpersonals und der Wache.
2. Den Anordnungen des Lagerführers, des Lagerpersonals, der Wache und des Dolmetschers ist unbedingt und sofort Folge zu leisten.
3. Der Lagerführer ernennt aus der Belegschaft für jede Stube Stubenordner und für das gesamte Lager den Lagerältesten (in

größeren Lagern werden mehrere Stuben unter Bestellung eines Barackenordners zusammengefaßt). Den Anordnungen dieser Personen, die auf Weisung des Lagerführers tätig werden, ist unverzüglich nachzukommen.

4. Der Lagerälteste ist für Ruhe, Ordnung und Sauberkeit, Vermeidung von Brandgefahr in dem Lager und Durchführung der ihm übertragenen Aufgaben verantwortlich. Die zur Aufrechterhaltung der Ordnung und Sauberkeit innerhalb des Lagers erforderlichen Männer bestimmt der Lagerälteste abwechselnd aus sämtlichen Baracken bzw. Stuben.

5. Die Baracken- bzw. Stubenordner sorgen für Ruhe, Ordnung und Sauberkeit, für Vermeidung von Brandgefahr in Baracken, Stuben, Waschräumen und Aborten. Alle anfallenden Arbeiten, wie Reinigung der Stuben, Fensterputzen, Feuerungsempfang usw., besorgen die Stubeninsassen selbst. Die hierfür erforderlichen Personen werden von dem Baracken- bzw. Stubenordner abwechselnd dazu bestimmt.

6. Das eigenmächtige Verlassen des Lagers ist strengstens verboten. Der Ausgang von Lagerinsasssen wird vom Lagerführer geregelt. Das Verlassen des Lagers ist nur in geschlossenen Trupps und unter Führung eines vom Wachhabenden Bestimmten zulässig.

7. Die Lagerinsassen haben sich stets höflich und anständig zu betragen und dem Lagerführer wie dem gesamten Lagerpersonal mit Respekt zu begegnen.
    Betreten Mitglieder der Betriebsführung sowie Uniformträger der Partei und der Wehrmacht die Stuben, so haben alle Insassen sofort aufzustehen, sofern nicht bereits Bettruhe eingetreten ist.
    Streitigkeiten unter der Stubenbelegschaft regelt der Stubenordner und meldet sie, falls sein Einschreiten ohne Erfolg ist, unverzüglich der Lagerführung.

8. Für die genaueste Einhaltung der Verdunkelungsvorschrift ist der Barackenordner und Stubenordner sowie die gesamte Stubenbelegschft verantwortlich. Zwischen Sonnenuntergang und Sonnenaufgang darf kein Licht eingeschaltet werden, solange die Verdunkelung nicht ordnungsgemäß durchgeführt ist. Bei Verstößen gegen die Verdunkelungsvorschriften werden alle Stubeninsassen zur Verantwortung gezogen.

9. Die Stubenordner haben ein Verzeichnis der betriebs- und lagereigenen Einrichtungsgegenstände aufzustellen und sichtbar aufzuhängen. An der Bettstatt eines jeden Stubeninsassen ist sein Namensschild anzubringen.

10. Für empfangene Bettwäsche, Decken, Handtücher, Geschirr usw. haftet in erster Linie jeder Lagerinsasse selbst. Das gleiche gilt für Beschädigungen oder Abhandenkommen der empfangenen Sachen.

11. Mutwilliges Beschädigen, Beschmieren und Beschmutzen von Gegenständen und Einrichtungen des Lagers ist streng verboten.

12. Jeder Lagerinsasse ist verpflichtet, seinem Stubenordner Mitteilung zu machen, wenn er von ansteckenden Krankheiten und Ungeziefer befallen ist. Diese Meldung über das Vorhandensein von Ungeziefer in den Stuben sowie allgemeine Krankmeldungen hat der Stubenordner sofort der Lagerführung mitzuteilen.

13. Im Lagergebiet hat größte Sauberkeit und Ordnung zu herrschen. Papier und sonstige Gegenstände dürfen nur in die dafür bestimmten Behälter geworfen werden.

14. Trotz des Krieges ist der Postverkehr mit der Heimat ermöglicht worden, so daß jeder an seine Angehörigen auf dem ordentlichen Postwege schreiben kann. Die Benutzung eines anderen Weges zur Übermittlung von Nachrichten (z. B. durch Feldpostnummern) ist verboten. Jeder Briefschreiber muß sich darüber klar sein, daß seine Mitteilung der Wahrheit entsprechen müssen.

    Die ausgehende Post ist bei der Lagerführung abzugeben. Briefmarken dürfen von den Lagerinsassen auf die Umschläge nicht aufgeklebt werden. Es soll nicht häufiger als zweimal im Monat geschrieben werden, um die Zustellung aller Briefsendungen zu gewährleisten. Die eingehende Post wird von der Lagerführung verteilt.

15. Glücksspiele aller Art um Geld oder Wertgegenstände (z. B. Kleidungsstücke) sind verboten.

16. Schadenfeuer, Waldbrände und ähnliche plötzliche Schadensfälle im Lager oder unmittelbarer Nähe des Lagers sind unverzüglich der Wache zu melden. Jeder Lagerinsasse hat sich zur Hilfestellung bereitzuhalten. Bei derart Ereignissen haben sich die Lagerinsassen ruhig zu verhalten, die Weisungen des Lagerführers abzuwarten und vor allen Dingen auch hierbei nicht eigenmächtig das Lager zu verlassen.

17. Der Essenempfang wird für das gesamte Lager oder Teile desselben durch Anschlag bekanntgegeben. Die bekanntgegebenen Zeiten sind genau einzuhalten, da außerhalb derselben keinerlei Verpflegung ausgegeben wird.

18. Das Wecken richtet sich nach dem Beginn der Arbeitszeit. Die Zeiten der Bettruhe werden durch die Lagerführung durch Anschlag bekanntgegeben. Jeder Arbeiter hat Anspruch auf Ruhe. Darum ist nach Eintritt der Bettruhe jeder Lärm und jede Störung der Nachtruhe zu vermeiden.

19. Wer Anspruch darauf erhebt, im Lager als ordentlicher und anständiger Mensch zu gelten und behandelt zu werden, muß auch seine Arbeit an dem ihm im Betrieb zugewiesenen Arbeitsplatz

pflichtgetreu erfüllen. Es darf sich daher keiner um die Arbeit drücken, Krankheit vorschützen oder seine Arbeit nachlässig verrichten. Die Baracken- und Stubenordner haben auch in dieser Hinsicht belehrend auf ihre Baracken- und Stubenangehörigen einzuwirken.

20. Jeder Lagerinsasse hat das Recht, Wünsche oder Beschwerden beim Lagerführer bzw. dem Lagerpersonal vorzubringen. Er soll sich aber zunächst an seinen Stubenordner wenden. Wer Beschwerden hat, soll sich aber selbst dazu bekennen. Sie sind daher von jedem einzelnen vorzubringen.

Das Sammeln von Unterschriften für Beschwerdeschriften usw. ist verboten. Glauben mehrere aus dem gleichen Anlaß Grund zur Beschwerde zu haben, so tragen sie dies ihrem Stuben- bzw. Barackenordner vor, der diese unverzüglich der Lagerführung vorzutragen hat. Auf keinen Fall werden aber wegen angeblichen Vorliegens von Beschwerdegründen Zusammenrottungen oder Lärmszenen geduldet. Ein solches Verhalten wird als Meuterei betrachtet.

21. Verstöße gegen die vorgenannten Bestimmungen werden je nach der Schwere des Vergehens bestraft. Wer bereits einmal wegen unbotmäßigen Verhaltens mit Strafe belegt worden ist, wird bei abermaligen Verfehlungen mit schärferen Strafen zu rechnen haben. Jeder Lagerinsasse, vor allen Dingen aber die Stubenbelegschaften sind verpflichtet, beabsichtigte Verfehlungen einzelner Elemente, vor allem auch das unberechtigte Verlassen des Lagers, von vornherein zu verhindern und zu unterbinden. Desgleichen sind begangene Verfehlungen ebenfalls der Lagerführung mitzuteilen, sowie sie bekannt werden. Werden die Täter nicht ermittelt oder wird festgestellt, daß die Belegschaft den Täter in möglicher Weise von der Tat abgehalten hat, wird die gesamte Stuben-, Baracken- bzw. Lagerbelegschaft mit der Strafe belegt werden.

Es besteht nicht die Absicht, möglichst viel Strafen auszusprechen. Darum sorge jeder selbst für ein anständiges Verhalten seiner Person und seines Nachbarn. Dann wird von den Strafmöglichkeiten nur wenig Gebrauch gemacht werden und sich jeder einer anständigen Behandlung erfreuen.

Literatur- und Quellenhinweise

Akens, „Siegeszug in der Nordmark", Schleswig-Holstein und der Nationalsozialismus   1925 – 1950, Schlaglichter-Studien- Rekonstruktionen

Anordnung über die arbeitsrechtliche Behandlung der Polen vom 8. Juni 1940, Dr. Völtzer, Privatbesitz Mohr

Anordnung über die Entlohnung polnischer landwirtschaftlicher Arbeitskräfte im Wirtschaftsgebiet Nordmark vom 22. Juni 1940, Dr. Völtzer-Reichstreuhänder der Arbeit für das Wirtschaftsgebiet Nordmark, Privatbesitz Mohr

Antrag auf Ausstellung eines Ausweises für politisch, rassisch und religiös durch den Nazismus Verfolgte, Komitee ehemaliger politischer Gefangener

Antrag auf Ausstellung eines Ausweises für politisch, rassisch und religiös durch den Nazismus Verfolgte, Komitee ehemaliger politischer Gefangener

Archiv der Stadt Kellinghusen, Abschrift des Berichts über die Lager

Aussage vor der Polizei Kellinghusen (25. 6. 1947), Stawk 2 Js 809/63, Bd. 15.

Aussage vor der Polizei Kellinghusen (28. 6. 1947), Stawk 2 Js 809/63, Bd. 15

Czeslaw Luczak, Polnische Arbeiter im nationalsozialistischen Deutschland während des Zweiten Weltkriegs. Entwicklung und Aufgaben der polnischen Forschung, in: Herbert, Reichseinsatz

Detlef Korte, „ Das Arbeitserziehungslager Nordmark " in Kiel-Russee 1944/45, Dissertation, CAU Kiel, 1990

Gerhard Hoch, Zwölf wiedergefundene Jahre, Verlag Roland-Werbung

Herbert, U., Fremdarbeiter. Politik und Praxis des "Ausländer-Einsatzes" in der Kriegswirtschaft des Dritten Reiches, Berlin/Bonn 1986

Merkblatt für Betriebsführer und Ortsbauernführer über die Versorgung der Ostarbeiter mit Bekleidung, Privatbesitz Mohr

Merkblatt Nr.1 für Betriebsführer über den Einsatz von Ostarbeitern, Privatbesitz Mohr

Merkblatt Nr.1 für Betriebsführer über den Einsatz von Ostarbeitern,

, KPD und „ Bibelforscher " im Kreis Steinburg 1933 -1945, S. 172

Rudolf Rietzler, „ Kampf in der Nordmark " 1982, Karl Wachholtz Verlag, Neumünster

Schwarz, Rolf: Verschleppt nach Büdelsdorf; in: Hamer, Kurt, Karl-Werner Schunck und Rolf Schwarz(Hrsg): Vergessen und verdrängt, Arbeiterbewegung und Nationalsozialismus in den Kreisen Rendsburg und Eckernförde, Eckernförde 1984, S. 227

Stadtarchiv Kellinghusen

Stadtarchiv Kellinghusen, Bericht an den Bürgermeister vom 21. Mai 1945

Stadtarchiv Kellinghusen, Meldung der Geheimen Staatspolizei Kiel, Außenstelle Itzehoe vom 25. 5 Stadtarchiv Kellinghusen, 1944

Stadtarchiv Kellinghusen, Meldung der Kellinghusener Ortspolizeibehörde vom 27. 8. 1943

Stadtarchiv Kellinghusen, Meldung der Kriminal-Leitstelle Hamburg vom 6. 12. 1944

Stadtarchiv Kellinghusen, Meldung der Ortspolizeibehörde Kellinghusen an die Kriminal-Leitstelle Hamburg vom 4. Oktober 1943

Stadtarchiv Kellinghusen, Schreiben des Bürgermeisters der Stadt Kellinghusen als Ordnungsbehörde an den Landrat in Itzehoe vom 20.Februar 1945

Stadtarchiv Kellinghusen, Warnungsniederschrift der Ortspolizeibehörde Kellinghusen vom 12. September 1942

Uwe Danker/Robert Bohn/Nils Köhler/Sebastian Lehmann (Hg.), „Ausländereinsatz in der Nordmark", Zwangsarbeitende in Schleswig-Holstein 1939 – 1945, IZRG – Schriftenreihe Band 5, Verlag für Regionalgeschichte

Vergl. Detlef Korte, „ Das Arbeitserziehungslager Nordmark " in Kiel-Russee 1944/45, Dissertation, CAU Kiel, 1990, S.275ff

www.wikipedia.

Herstellung und Verlag:
BoD - Books on Demand, Norderstedt
ISBN 978-3-7448-2939-7